中华人民共和国邮票目录

POSTAGE STAMPS CATALOGUE
OF THE PEOPLE'S REPUBLIC OF CHINA

(2018—2024)

《集邮》杂志社　编

人民邮电出版社

北京

图书在版编目（CIP）数据

中华人民共和国邮票目录. 2018—2024 / 《集邮》
杂志社编. -- 北京：人民邮电出版社，2025. -- ISBN
978-7-115-67035-9

Ⅰ. G262.2-63

中国国家版本馆 CIP 数据核字第 2025D047F7 号

内 容 提 要

本目录收录了中华人民共和国邮政主管部门 2018 年 1 月 1 日至 2024 年 12 月底期间发行的全部邮票。本目录内容丰富、资料详实、数据准确、图片清晰，适合广大集邮爱好者、集邮工作者、邮政工作者收藏、研究和阅读，是一本具有较高价值的工具书。

♦ 编　　　《集邮》杂志社
　　责任编辑　刘亚珍
　　责任印制　马振武

♦ 人民邮电出版社出版发行　北京市丰台区成寿寺路 11 号
　　邮编　100164　电子邮件　315@ptpress.com.cn
　　网址　https://www.ptpress.com.cn
　　北京九天鸿程印刷有限责任公司印刷

♦ 开本：889×1194　1/16
　　印张：11.25　　　　　　　　2025 年 6 月第 1 版
　　字数：222 千字　　　　　　2025 年 6 月北京第 1 次印刷

定价：158.00 元

读者服务热线：(010)53913866　印装质量热线：(010)81055316
反盗版热线：(010)81055315

前　言

　　《中华人民共和国邮票目录（2018—2024）》（以下简称"2024版目录"）是对人民邮电出版社有限公司出版的《中华人民共和国邮票目录（2018）》（以下简称"2018版目录"）的续补，收录了中华人民共和国邮政主管部门2018—2024年发行的全部邮票。在目录的编排上，2024版目录延续了2018版目录的基本体例，将所收录的邮票按类别分为纪念邮票和特种邮票、小本票、普通邮票、个性化服务专用邮票、贺年专用邮票5种。由于2024版目录收录的邮票均有背胶，所以不再标注"背胶"信息。根据读者的建议，将原本以字母表示的"设计者""雕刻者""防伪方式""印刷厂"等信息更换为中文，便于读者查阅。

　　书中对每套邮票提供了基本资料。其排列方式以2018-1邮票为例。

①　　　②

2018-1　戊戌年（T）

2018-1　WuXu Year（T）

③　　　　　④　　　　⑤

2018-01-05　胶雕套印　13度

⑥

36mm×36mm

⑦

版式一：16枚（4×4）

版式一规格：168mm×196mm

⑧　　　⑨　　　⑩　　　　⑪

（2-1）T 1.20元　犬守平安　7666.62万枚

（2-2）T 1.20元　家和业兴　6866.62万枚

⑫　　⑬

2全　1.20元

设计者：周令钊

雕刻者：原艺珊、刘明慧

责任编辑：王静

防伪方式：防伪纸张 防伪油墨 异形齿孔 荧光喷码

印刷厂：北京邮票厂有限公司

版式二：6枚

版式二规格：128mm×180mm

版式二发行量：460万版

1全　2.40元

版式三：4枚（2套）

版式三规格：120mm×160mm

版式三发行量：750万版

1全　2.40元

注：作为2018年纪特邮票全额交款预订户赠品。

其中，① 邮票志号。② 邮票名称。③ 发行日期。④ 印刷版别，分别用胶版、雕刻版、影写版、影雕套印、胶雕套印等表示。⑤ 齿孔度数，一枚邮票横边、直边齿孔度数不同者，以"横边齿孔度数 × 直边齿孔度数"表示，例如11.5×11度，无齿孔者直接标注"无齿孔"。⑥ 邮票规格，以"横边长度（mm）× 直边长度（mm）"表示票幅。⑦ 整张枚数。括号外的数字为整张枚数，括号内的数字是"横行枚数 × 直行枚数"。一套邮票中，整张枚数不同的，分别用图号或编号列出。⑧ 单枚邮票的编号。后面带有"J"或"T"，分别表示该票是纪念邮票或特种邮票，例如（2-1）T 为特种邮票。⑨ 邮票面值。⑩ 单枚邮票名称。⑪ 邮票发行量。⑫ 全套邮票枚数。⑬ 全套邮票的国内市场参考价格，价格单位为人民币，即元。

需要特别说明的是，2024版目录中涉及部分印刷厂名称变更的情况，为了保证图文的一致性，印刷厂的名称保留了当年发行邮票时的实际名称，全书未作统一处理；2024版目录中的小全张邮票都有售价，与小全张邮票的面值价格不同。

另外，2024版目录在编辑时，中国邮政集团有限公司尚未公布2024年7月至2024年12月已发行邮票的实际发行量，因此，本书中仍标注的是中国邮政集团有限公司公布的计划发行量。

目　录

一、纪念邮票和特种邮票 ·· 1

二、小本票 ·· 156

三、普通邮票 ··· 162

四、个性化服务专用邮票 ·· 164

五、贺年专用邮票 ··· 169

一、纪念邮票和特种邮票
Commemorative and Special Stamps

2018 年

2018-1 戊戌年（T）
2018-1 WuXu Year（T）

2018-01-05   胶雕套印   13 度

36mm×36mm

版式一：16 枚（4×4）

版式一规格：168mm×196mm

（2-1） T 1.20 元 犬守平安   7666.62 万枚

（2-2） T 1.20 元 家和业兴   6866.62 万枚

　　2 全   2.40 元

设计者：周令钊

雕刻者：原艺珊、刘明慧

责任编辑：王静

防伪方式：防伪纸张 防伪油墨 异形齿孔 荧光喷码

印刷厂：北京邮票厂

版式二：6 枚

版式二规格：128mm×180mm

版式二发行量：460 万版

　　1 全   7.20 元

版式三：4 枚（2 套）

版式三规格：120mm×160mm

版式三发行量：750 万版

　　1 全   4.80 元

注：作为 2018 年纪特邮票全额交款预订户赠品。

0461215C

0461215C

2018-2　拜年（T）
2018-2　New Year Greeting（T）

2018-01-10　影写版　13度

40mm×30mm

版式一：20枚（5×4）

版式一规格：240mm×150mm

（1-1）　T　1.20元　拜年　　　　　2178.54万枚

　　1全　　　　　　　　　　　　　　1.20元

设计者：吴冠英

边饰书法题字：欧阳中石

对联作者：常江

责任编辑：干止戈

防伪方式：防伪纸张 防伪油墨 异形齿孔 荧光喷码

印刷厂：北京邮票厂

版式二：8枚

版式二规格：140mm×180mm

版式二发行量：209.98万版

　　1全　　　　　　　　　　　　　10.00元

2018-3　中国剪纸（一）（T）
2018-3　Chinese Paper-cut（Ⅰ）（T）

2018-01-24　胶版　13.5度

30mm×50mm

整张枚数：12枚（4×3）

整张规格：150mm×194mm

（4-1）　T　1.20元　河北蔚县·芦花荡　　1148.05万枚

（4-2）　T　1.20元　内蒙古和林格尔·牧羊图

　　　　　　　　　　　　　　　　　　1148.05万枚

（4-3）　T　1.20元　陕西旬邑·江娃拉马梅香骑

　　　　　　　　　　　　　　　　　　1148.05万枚

（4-4）　T　1.20元　山西新绛·小别母　1148.05万枚

　　4全　　　　　　　　　　　　　　4.80元

原作品作者：王老赏（一图）、张花女（二图）

　　　　　　库淑兰（三图）、苏兰花（四图）

资料提供：田永翔（一图）、段建珺（二图）

设计者：王虎鸣

责任编辑：王静

防伪方式：防伪纸张 防伪油墨 异形齿孔 荧光喷码

印刷厂：河南省邮电印刷厂

版式二：9 枚（3 套）

版式二规格：124mm×180mm

版式二边饰设计者：于平、任凭

版式二发行量：139.98 万版

　　1 全　　　　　　　　　　　　12.00 元

2018-4　元宵节（T）

2018-4　The Lantern Festival（T）

2018-03-02　影写版　13.5 度

30mm×40mm

版式一：20 枚（4×5）

版式一规格：150mm×240mm

（3-1）　T 1.20 元　吃元宵　　　　1382.98 万枚

（3-2）　T 1.20 元　赏花灯　　　　1376.98 万枚

（3-3）　T 1.50 元　舞龙舞狮　　　1366.98 万枚

　　3 全　　　　　　　　　　　　3.90 元

设计者：李涵

责任编辑：温文雅

防伪方式：防伪纸张 防伪油墨 异形齿孔 荧光喷码

印刷厂：北京邮票厂

2018-5　中华人民共和国第十三届全国人民代表大会（J）

2018-5　The 13th National People's Congress of the People's Republic of China（J）

2018-03-05　胶版　13 度

50mm×30mm

整张枚数：12 枚（3×4）

整张规格：190mm×150mm

（1-1）　J 1.20 元　中华人民共和国第十三届全国人民
代表大会　　　　　1378.29 万枚

　　1 全　　　　　　　　　　　　1.20 元

设计者：汪涛

责任编辑：何金梅

防伪方式：防伪纸张 防伪油墨 异形齿孔 荧光喷码

印刷厂：辽宁省沈阳邮电印刷厂

2018-6　海棠花（T）
2018-6　Chinese Flowering Crabapple（T）

2018-03-25　胶雕套印　13 度

40mm×30mm

版式一：16 枚（4×4）

版式一规格：200mm×150mm

（4-1）T 1.20 元　楸子　　　　　1274.70 万枚

（4-2）T 1.20 元　西府海棠　　　1287.18 万枚

（4-3）T 1.20 元　河南海棠　　　1272.46 万枚

（4-4）T 1.20 元　三叶海棠　　　1257.42 万枚

　　4 全　　　　　　　　　　　　4.80 元

设计者：龚文桢

雕刻者：马荣（一图）（二图）

　　　　尹海蓉（三图）（四图）

责任编辑：刘畅

防伪方式：防伪纸张 异形齿孔 荧光喷码

印刷厂：河南省邮电印刷厂

版式二：8 枚（2 套）

版式二规格：130mm×190mm

版式二边饰原画作者：龚文桢

版式二边饰设计者：邢文伟

版式二发行量：134.98 万版

　　1 全　　　　　　　　　　　　9.60 元

2018-7　中央美术学院建校一百周年（J）
2018-7　Central Academy of Fine Arts Centenary Celebration（J）

2018-04-01　胶雕套印　13 度

50mm×30mm

整张枚数：12 枚（3×4）

整张规格：190mm×150mm

（1-1）J 1.20 元　中央美术学院建校一百周年

　　　　　　　　　　　　　　　　1183.61 万枚

　　1 全　　　　　　　　　　　　1.20 元

设计者：刘刚、杨佳成

责任编辑：刘畅

防伪方式：防伪纸张 防伪油墨 异形齿孔 荧光喷码

印刷厂：北京邮票厂

2018-8　中国古典文学名著 ——《红楼梦》（三）（T）

2018-8　Dream of the Red Chamber，a Masterpiece in Classical Chinese Literature（Ⅲ）（T）

2018-04-22　胶版　13度

40mm×54mm

版式一：16枚（4×4）

版式一规格：190mm×246mm

（4-1）	T 1.20 元	妙玉奉茶	1476.60 万枚
（4-2）	T 1.20 元	惜春作画	1476.60 万枚
（4-3）	T 1.20 元	平儿理妆	1476.60 万枚
（4-4）	T 1.50 元	夜探潇湘	1476.60 万枚

　　　　　　4 全　　　　　　　　　　　　5.10 元

设计者：萧玉田

责任编辑：王静

防伪方式：防伪纸张 防伪油墨 异形齿孔 荧光喷码

印刷厂：河南省邮电印刷厂

版式二：8枚（2套）

版式二规格：216mm×144mm

版式二边饰设计者：夏竞秋

版式二边饰原画作者：萧玉田

版式二发行量：169.98 万版

　　　　　　1 全　　　　　　　　　　　10.20 元

2018-8M　中国古典文学名著 ——《红楼梦》（三）（小型张）（T）

2018-8M　Dream of the Red Chamber，a Masterpiece in Classical Chinese Literature（Ⅲ）（Souvenir Sheet）（T）

2018-04-22　胶版　13度

小型张规格：138mm×93mm

邮票规格：70mm×61mm

（1-1）　T　6元　雅结海棠社　　　　1059.18万枚

　1全　　　　　　　　　　　　　　　6.00元

设计者：萧玉田

责任编辑：王静

防伪方式：防伪纸张 防伪油墨 异形齿孔 荧光喷码

印刷厂：河南省邮电印刷厂

注：另特别制作《中国古典文学名著 ——〈红楼梦〉》

（三）小型张双连张1枚,用于供应全国集邮协会会员。双连张规格为168mm×216mm，发行量为206万枚。

2018-9　马克思诞辰 200 周年（J）

2018-9　Bicentenary of the Birth of Karl Marx （J）

2018-05-05　影写版　13.5 度

30mm×50mm

整张枚数：12 枚（4×3）

整张规格：146mm×190mm

（2-1）　J　1.20 元　马克思像　1072.50 万枚

（2-2）　J　1.20 元　马克思与恩格斯像　1072.50 万枚

　2 全　　　　　　　　　　　2.40 元

资料提供：徐喆

设计者：吴为山

责任编辑：温文雅

防伪方式：防伪纸张 防伪油墨 异形齿孔 荧光喷码

印刷厂：北京邮票厂

2018-10　当代美术作品选（二）（T）

2018-10　Selections of Chinese Contemporary Works of Art（Ⅱ）（T）

2018-05-11　胶雕套印（一图）、胶版（二图）、影写版（三图）

13.5 度（一图、三图）、13×13.5 度（二图）

30mm×50mm（一图、三图）、38mm×50mm（二图）

版式一：16 枚（4×4）

版式一规格：146mm×240mm（一图、三图）

　　　　　180mm×240mm（二图）

（3-1）　T　1.20 元　丰子恺《仰之弥高》　1468.03 万枚

（3-2）　T　1.20 元　关山月《秋溪放筏》　1466.11 万枚

（3-3）　T　1.50 元　李苦禅《远瞻山河壮》　1445.63 万枚

　3 全　　　　　　　　　　　3.90 元

原作品作者：丰子恺（一图）、关山月（二图）、李苦禅（三图）

设计者：史渊

雕刻者：刘明慧（一图）

责任编辑：干止戈

防伪方式：防伪纸张 防伪油墨 异形齿孔 荧光喷码

印刷厂：北京邮票厂

版式二：4 枚

版式二规格：120mm×150mm

版式二发行量：149.98 万版

　3 全　　　　　　　　　　12.00 元

0720537A

0720537A

2018-11　丝绸之路文物（一）（T）

2018-11　Cultural Relics along the Silk Road（Ⅰ）（T）

2018-05-19　胶版（一图、三图、四图采用局部压凸工艺，二图采用局部烫印工艺）　13度

40mm×30mm

整张枚数：12 枚（3×4）

整张规格：200mm×120mm

（4-1）　T 1.20 元　汉·鎏金铜蚕　　　　　1256.02 万枚

（4-2）　T 1.20 元　汉·鎏金铜马　　　　　1256.02 万枚

（4-3）　T 1.20 元　唐·镶金兽首玛瑙杯　　1256.02 万枚

（4-4）　T 1.20 元　唐·八瓣团花描金蓝琉璃盘

　　　　　　　　　　　　　　　　　　　　1256.02 万枚

　4 全　　　　　　　　　　　　　　　　　4.80 元

资料提供：陕西历史博物馆、茂陵博物馆、

　　　　　法门寺博物馆

设计者：陈景异

责任编辑：王静

防伪方式：防伪纸张 防伪油墨 异形齿孔 荧光喷码

印刷厂：河南省邮电印刷厂

2018-12　全国助残日（J）

2018-12　National Day for Helping the Disabled（J）

2018-05-20　胶版　13.5度

30mm×40mm

整张枚数：12 枚（4×3）

整张规格：150mm×160mm

（1-1）J 1.20 元　全国助残日　　　　　1053.35 万枚

1 全　　　　　　　　　　　　　　　　　　1.20 元

设计者：沈嘉宏

责任编辑：温文雅

防伪方式：防伪纸张 防伪油墨 异形齿孔 荧光喷码

印刷厂：辽宁省沈阳邮电印刷厂

2018-13　中国古代科学家及著作（一）（J）

2018-13　Ancient Chinese Scientists and Their Works（Ⅰ）（J）

2018-05-26　胶版　13.5 度

33mm×44mm

整张枚数：12 枚（4×3）

整张规格：162mm×172mm

（4-1）J 1.20 元　李时珍　　　　　　　1133.82 万枚

（4-2）J 1.20 元　《本草纲目》　　　　1134.06 万枚

（4-3）J 1.20 元　宋应星　　　　　　　1133.82 万枚

（4-4）J 1.20 元　《天工开物》　　　　1127.82 万枚

4 全　　　　　　　　　　　　　　　　　　4.80 元

设计者：李晨

责任编辑：刘畅

防伪方式：防伪纸张 防伪油墨 异形齿孔 荧光喷码

印刷厂：辽宁省沈阳邮电印刷厂

2018-14　喀什风光（T）

2018-14　Scenery of Kashgar（T）

2018-06-09　影写版　13 度

50mm×30mm

整版枚数：12 枚（一图、二图各 6 枚 / 张，三图、四图各 6 枚 / 张）

整张规格：190mm×150mm

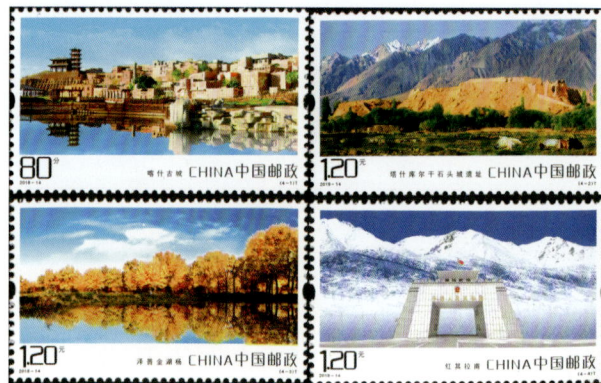

（4-1）T 80 分　喀什古城　　　　　　　1028.29 万枚

（4-2）T 1.20 元　塔什库尔干石头城遗址 1028.29 万枚

（4-3）T 1.20 元　泽普金湖杨　　　　　1028.29 万枚

（4-4）T 1.20 元　红其拉甫　　　　　　1028.29 万枚

4 全　　　　　　　　　　　　　　　　　　4.80 元

设计者：邢文伟

责任编辑：李可心

防伪方式：防伪纸张 防伪油墨 异形齿孔 荧光喷码

印刷厂：北京邮票厂

2018-15　屈原（T）

2018-15　Qu Yuan（T）

2018-06-18　影写版　13×13.5 度

38mm×50mm

版式一：12 枚（4×3）

版式一规格：190mm×200mm

（2-1）T 1.20 元　忧歌离骚　　　　　　1392.14 万枚

（2-2）T 1.20 元　求索问天　　　　　　1392.14 万枚

2 全　　　　　　　　　　　　　　　　　　2.40 元

设计者：李云中

责任编辑：李可心

防伪方式：防伪纸张 防伪油墨 异形齿孔 荧光喷码

印刷厂：北京邮票厂

版式二：6枚（3套）　　　　　　　　　　版式二发行量：157.98万版

版式二规格：150mm×190mm　　　　　　　　　　1全　　　　　　　　　　　　7.20元

2018-15M　屈原（小型张）（T）
2018-15M　Qu Yuan（Souvenir Sheet）（T）

2018-06-18　影写版　13度

小型张规格：86mm×125mm

邮票规格：64mm×92mm

（1-1）　T 6元　屈原像　　　　　　1034.25万枚

　　1全　　　　　　　　　　　　6.00元

设计者：李云中

责任编辑：李可心

防伪方式：防伪纸张 防伪油墨 异形齿孔 荧光喷码

印刷厂：北京邮票厂

注：另特别制作《屈原》小型张四连张1枚，材质为绢
　　质，面值为24元，整张规格为214mm×294mm，
　　发行量为20万枚。

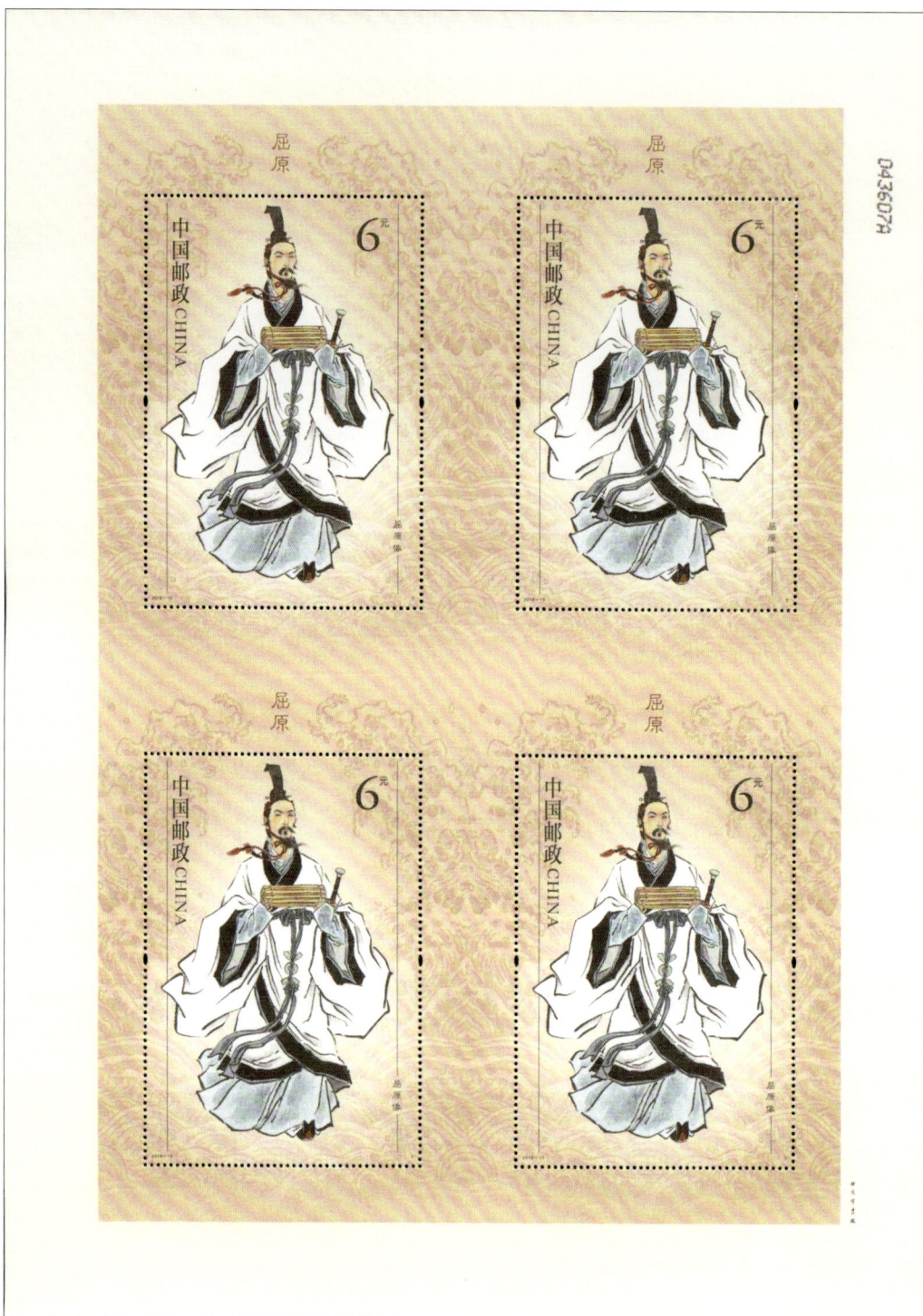

BPC-16　屈原特种邮票本册

BPC-16　Qu Yuan Stamp Book

2018-06-18　影写版　13×13.5 度

本册规格：155mm×235mm

发行量：10 万本

邮票、小型张设计者：李云中

邮票编辑：李可心

邮票本册设计：张杰

邮票本册编辑：吕行

邮票本册原画作者：戴敦邦

邮票本册封面雕塑作者：吴为山

邮票本册资料提供：于雪棠

邮票本册注释出处：中华书局

邮票本册印制厂：北京邮票厂

发行：中国邮政集团有限公司

总经销：中国集邮有限公司

2018-16　上海合作组织青岛峰会（J）
2018-16　SCO Qingdao Summit（J）

2018-06-09　影写版　13 度

50mm×30mm

版式一：16 枚（4×4）

版式一规格：240mm×150mm

（1-1）　J 1.20 元　上海合作组织青岛峰会　1258.29 万枚

　　1 全　　　　　　　　　　　　　　　　　　1.20 元

资料提供：山东省 2018 年重大外事活动筹备工作领导
小组办公室

设计者：于秋艳、邢文伟

责任编辑：王静

防伪方式：防伪纸张 防伪油墨 异形齿孔 荧光喷码

印刷厂：北京邮票厂

版式二：8 枚（绢质，胶版）

版式二规格：230mm×120mm

版式二边饰设计者：邢文伟

版式二发行量：119.98 万版

　　1 全　　　　　　　　　　　　　　　　　　9.60 元

2018-17　清正廉洁（一）（T）
2018-17　Uprightness and Incorruptibility（Ⅰ）
##　　　　　（T）

2018-06-24　胶版　13.5 度

33mm×44mm

整张枚数：12 枚（4×3）

整张规格：162mm×182mm

（4-1）　T 1.20 元　不贪为宝　　　　1372.66 万枚

（4-2）　T 1.20 元　羊续悬鱼　　　　1378.66 万枚

（4-3）　T 1.20 元　两袖清风　　　　1377.94 万枚

（4-4）　T 1.20 元　立檄拒礼　　　　1378.66 万枚

　　4 全　　　　　　　　　　　　　　　　4.80 元

设计者：胡博综

责任编辑：干止戈

防伪方式：防伪纸张 防伪油墨 异形齿孔 荧光喷码

印刷厂：辽宁省沈阳邮电印刷厂

2018-18　水果（三）（T）
2018-18　Fruits（Ⅲ）（T）

2018-07-14　胶版　13.5×13 度

33mm×33mm

版式一：20 枚（5×4）

版式一规格：200mm×170mm

（4-1）　T 1.20 元　菠萝　　　　　1339.41 万枚

（4-2）	T 1.20 元	樱桃	1364.61 万枚
（4-3）	T 1.50 元	杧果	1358.61 万枚
（4-4）	T 1.50 元	甜橙	1365.41 万枚

　　4 全　　　　　　　　　　　5.40 元

设计者：郭振山

责任编辑：干止戈

防伪方式：防伪纸张 防伪油墨 异形齿孔 荧光喷码

印刷厂：河南省邮电印刷厂

版式二：8 枚（2 套）

版式二规格：190mm×110mm

版式二发行量：119.98 万版

　　1 全　　　　　　　　　　　11.00 元

2018-19　近代民族英雄（J）
2018-19　Modern National Heroes of China（J）

2018-07-29　影写版　13.5 度

30mm×40mm

整张枚数：16 枚（4×4）

整张规格：150mm×200mm

（5-1）	J 1.20 元	关天培	1193.01 万枚
（5-2）	J 1.20 元	林则徐	1205.81 万枚
（5-3）	J 1.20 元	冯子材	1200.05 万枚
（5-4）	J 1.20 元	刘永福	1195.25 万枚
（5-5）	J 1.20 元	邓世昌	1193.63 万枚

　　5 全　　　　　　　　　　　6.00 元

设计者：孟繁聪

责任编辑：刘畅

防伪方式：防伪纸张 防伪油墨 异形齿孔 荧光喷码

印刷厂：北京邮票厂

BPC-17　近代民族英雄纪念邮票本册
BPC-17　Modern National Heroes of China Stamp Book

2018-07-29　影写版　13.5度

本册规格：200mm×200mm

发行量：10万本

邮票设计者：孟繁聪

邮票编辑：刘畅

邮票本册设计：王虎鸣

邮票本册编辑：吴小卫、宋欣坤

邮票本册印制厂：北京邮票厂

发行：中国邮政集团有限公司

总经销：中国集邮有限公司

近代民族英雄·关天培
关天培（1781—1841）

字仲因，江苏山阳（今属淮安）人，曾任参将、副将、提督等武职。在任广东水师提督期间，他大力加强和配合林则徐的禁烟运动。鸦片战争爆发后，关天培坚决抵抗英国的侵略。1841年初，英军对虎门炮台发动总攻，尽管没有后援，但他伤愈督战，昼夜督战，负伤数十处，终因寡不敌众，为国捐躯。

近代民族英雄·林则徐
林则徐（1785—1850）

字元抚，又字少穆、石麟，福建侯官（今福州）人，曾任江苏巡抚、湖广总督等职。他清醒地意识到了鸦片的严重危害，坚决主张禁烟。1830年，林则徐作为钦差大臣，并在湖北等地落实禁烟举措，抵达广东，收缴外商走私的鸦片，并在虎门集中销毁。虎门销烟展示出了中华民族不甘屈服于外来侵略者的勇气与决心。林则徐还开始冲破华夷观念的束缚，学习西方，是近代中国"开眼看世界的第一人"。

近代民族英雄·冯子材
冯子材（1818—1903）

字南干，广东钦州（今属广西）人，曾任广西提督。冯子材治军严谨，1885年法军在中越边境对中国发动大规模进攻，年近七旬的冯子材率部镇守镇南关。虽然武器落后，但在当地各族人民的支持下，他大败法军，创造了扭转西南战局的镇南关大捷，这是清军反侵略战争中的一次重大胜利，沉重打击了法国的侵略气焰，缓解了中国西南的边疆危机。

刘永福
近代民族英雄·刘永福（1837—1917）

字渊亭，广东钦州（今属广西）人，刘永福年轻时参加了反清义军，后退入越南境内。中法战争中，他所率的「黑旗军」接受清政府改编，多次击退了法军的进攻，支援了越南人民的反侵略斗争，也保卫了中国的西南边疆。甲午战争中，他率军坚守台湾，在清政府割让台湾后，他亲身率台南领导了台湾人民的抗日斗争，在多次战斗中给日寇以沉重打击。

邓世昌
近代民族英雄·邓世昌（1849—1894）

字正卿，广东番禺（今属广州）人，北洋水师将领。邓世昌毕业于福州船政学堂，后出任「致远」舰管带，以治军严格、忠勇刚正闻名。1894年，甲午战争中，为掩护旗舰「定远」号，邓世昌率领的「致远」舰在邓世昌的指挥下，撞击日军「吉野」号，不幸鱼雷发射管戒故人击中，舰体爆裂沉没，邓世昌同全舰200余名官兵，一起壮烈殉国。

近代民族英雄
MODERN NATIONAL HEROES OF CHINA

关天培（1781—1841）　　林则徐（1785—1850）　　冯子材（1818—1903）　　刘永福（1837—1917）　　邓世昌（1849—1894）

2018-20　四景山水图（T）
2018-20　Landscapes of the Four Seasons （T）

2018-08-04　胶雕套印　13度

50mm×36mm

整张枚数：12枚（3×4）

整张规格：240mm×140mm

（4-1）	T 80分	四景山水图 （局部）	1395.67万枚
（4-2）	T 80分	四景山水图 （局部）	1395.67万枚
（4-3）	T 1.20元	四景山水图 （局部）	1395.67万枚
（4-4）	T 1.20元	四景山水图 （局部）	1395.67万枚

　　4全　　　　　　　　　　　　　　　4.80元

邮票资料提供：故宫博物院

设计者：王虎鸣

雕刻者：孔维云、彭巍栋、马荣、林华毅

摄影者：胡锤

责任编辑：王静

防伪方式：防伪纸张 防伪油墨 异形齿孔 荧光喷码

印刷厂：河南省邮电印刷厂

2018-20M　四景山水图（小全张）（T）
2018-20M　Landscapes of the Four Seasons （Miniature Sheet）（T）

2018-08-04　胶雕套印　13度

小全张规格：220mm×105mm

4.00元　四景山水图 （局部）　　　1039.29万枚

售价：6.00元

　　1全　　　　　　　　　　　　　　6.00元

邮票资料提供：故宫博物院

小全张边饰资料提供：上海博物馆

设计者：王虎鸣

雕刻者：孔维云、彭巍栋、马荣、林华毅

摄影者：胡锤

责任编辑：王静

防伪方式：防伪纸张 防伪油墨 异形齿孔 荧光喷码

印刷厂：河南省邮电印刷厂

2018-21　二十四节气（三）（T）
2018-21　The 24 Solar Terms（Ⅲ）（T）

2018-08-07　影写版　13度

上圆弧长 30.76mm 直边长 48mm （扇形）

整张枚数：12枚（2套，6枚连印）

整张规格：196mm×185mm

（6-1）	T 1.20元	立秋	1075.93万枚
（6-2）	T 1.20元	处暑	1075.93万枚
（6-3）	T 1.20元	白露	1075.93万枚
（6-4）	T 1.20元	秋分	1075.93万枚

（6-5）　T 1.20 元　寒露　　　　　　1075.93 万枚

（6-6）　T 1.20 元　霜降　　　　　　1075.93 万枚

　　6 全　　　　　　　　　　　　　　7.20 元

设计者：刘金贵、王虎鸣

篆刻者：殷延国

责任编辑：李可心

防伪方式：防伪纸张 防伪油墨 异形齿孔 荧光喷码

印刷厂：北京邮票厂

2018-22　大雁（T）
2018-22　Wild Goose（T）

2018-08-17　胶雕套印　13 度

40mm×30mm

版式一：20 枚（5×4）

版式一规格：240mm×150mm

（1-1）　T 1.20 元　大雁　　　　　1487.50 万枚

　　1 全　　　　　　　　　　　　　1.20 元

设计者：马飞达

雕刻者：马丁·莫克 （丹麦）

责任编辑：温文雅

防伪方式：防伪纸张 防伪油墨 异形齿孔 荧光喷码

印刷厂：北京邮票厂

版式二：8 枚

版式二规格：190mm×120mm

版式二边饰设计者：陈景异

版式二发行量：159.95 万版

1 全　　　　　　　　　　　　　　10.00 元

2018-23　长江经济带（T）
2018-23　The Yangtze River Economic Belt（T）

2018-08-26　胶版　13.5 度

33mm×44mm

整张枚数：16 枚（一图、二图各 8 枚/张，三图、四
　　　　　图各 8 枚/张，五图、六图各 8 枚/张）

整张规格：165mm×220mm

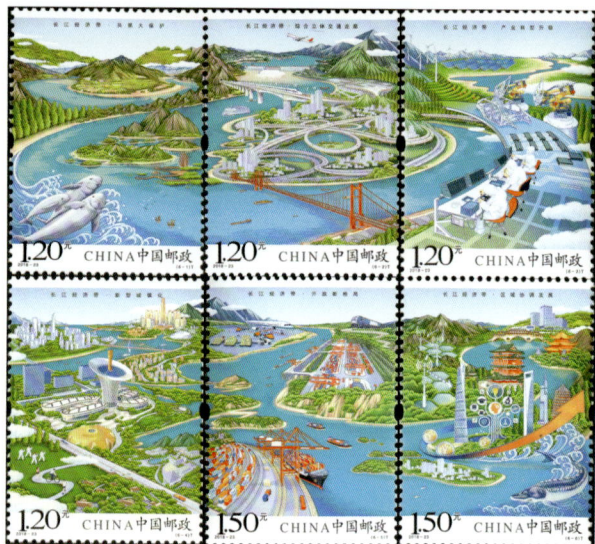

（6-1）	T 1.20 元	共抓大保护	1173.68 万枚
（6-2）	T 1.20 元	综合立体交通走廊	1173.68 万枚
（6-3）	T 1.20 元	产业转型升级	1173.68 万枚
（6-4）	T 1.20 元	新型城镇化	1173.68 万枚
（6-5）	T 1.50 元	开放新格局	1173.68 万枚
（6-6）	T 1.50 元	区域协调发展	1173.68 万枚
	6 全		7.20 元

设计者：邹庆

责任编辑：何金梅

防伪方式：防伪纸张 防伪油墨 异形齿孔 荧光喷码

印刷厂：河南省邮电印刷厂

2018-23M　长江经济带（小全张）（T）
2018-23M　The Yangtze River Economic
　　　　　　 Belt（Miniature Sheet）（T）

2018-08-26　胶版　13.5 度

小全张规格：218mm×94mm

7.20 元　长江经济带　　　　　　　　968.38 万枚

售价：10.80 元

　　1 全　　　　　　　　　　　　　　10.80 元

设计者：邹庆

责任编辑：何金梅

防伪方式：防伪纸张 防伪油墨 异形齿孔 荧光喷码

印刷厂：河南省邮电印刷厂

2018-24　诗经（T）
2018-24　Book of Poetry（T）

2018-09-08　胶雕套印　13×13.5 度

40mm×35mm

整张枚数：6 枚 （一套）

整张规格：135mm×220mm

（6-1）	T 80 分	周南·关雎	969.38 万枚
（6-2）	T 1.20 元	秦风·蒹葭	969.38 万枚
（6-3）	T 1.20 元	秦风·无衣	969.38 万枚
（6-4）	T 1.20 元	小雅·鹿鸣	969.38 万枚
（6-5）	T 1.50 元	小雅·鹤鸣	969.38 万枚
（6-6）	T 3 元	鲁颂·駉	969.38 万枚

6 全　　　　　　　　　　　　　　 9.30 元

资料提供：辽宁省博物馆

设计者：高云

雕刻者：徐喆、刘明慧、尹晓飞、杨志英、刘博、李昊

责任编辑：何金梅

防伪方式：防伪纸张 防伪油墨 异形齿孔 荧光喷码

印刷厂：北京邮票厂

注：此套邮票提供诗经音频欣赏，扫描边饰二维码，可欣赏诗经诵读音频。音频来源：人民日报出版社《诗经风物图典》。

另制作四方连邮票折：成品规格为 115mm×165mm，面值为 35.60 元，发行量为 20 万本，设计者为夏竞秋，专用于中国集邮有限公司邮品。

【秦风·无衣】

【秦风·蒹葭】

【小雅·鹤鸣】

【小雅·鹿鸣】

【鲁颂·駉】

2018-25　月圆中秋（T）

2018-25　Full Moon on the Mid-Autumn Festival（T）

2018-09-15　胶版（香味油墨）　13.5 度

30mm×50mm

版式一：16 枚（4×4）

版式一规格：150mm×240mm

（1-1）　T　1.20 元　月圆中秋　　　　　　1356.55 万枚

　　1 全　　　　　　　　　　　　　　　1.20 元

设计者：崔景哲

责任编辑：干止戈

防伪方式：防伪纸张 防伪油墨 异形齿孔 荧光喷码

印刷厂：河南省邮电印刷厂

版式二：6 枚

版式二规格：180mm×128mm

版式二边饰设计者：史渊

版式二发行量：129.97 万版

　　1 全　　　　　　　　　　　　　　　7.20 元

2018-26　宁夏回族自治区成立六十周年（J）

2018-26　The 60th Anniversary of Ningxia Hui Autonomous Region（J）

2018-09-19　胶版　13 度

50mm×30mm

整张枚数：18 枚（6 套，3 枚连印）

整张规格：180mm×220mm

（3-1）　J　1.20 元　创新驱动　　　977.02 万枚

（3-2）　J　1.20 元　脱贫富民　　　977.02 万枚

（3-3）　J　1.20 元　生态立区　　　977.02 万枚

　　3 全　　　　　　　　　　　　　3.60 元

设计者：武世宁

责任编辑：李可心

防伪方式：防伪纸张 防伪油墨 异形齿孔 荧光喷码

印刷厂：辽宁省沈阳邮电印刷厂

2018-27　中国农民丰收节（J）
2018-27　Chinese Farmers'Harvest Festival （J）

2018-09-23　影写版　13度

44mm×33mm

整张枚数：16枚（4×4）

整张规格：220mm×165mm

（1-1）J 1.20元　中国农民丰收节　　　1158.83万枚

　　1全　　　　　　　　　　　　　　　　1.20元

设计者：沈嘉宏

责任编辑：李可心

防伪方式：防伪纸张 防伪油墨 异形齿孔 荧光喷码

印刷厂：北京邮票厂

2018-28　国际老年人日（J）
2018-28　International Day of Older Persons （J）

2018-10-01　胶版　13.5×13度

36mm×36mm

整张枚数：12枚（3×4）

整张规格：140mm×180mm

（1-1）J 1.20元　国际老年人日　　　1004.17万枚

　　1全　　　　　　　　　　　　　　　　1.20元

设计者：刘钊、张帆

责任编辑：董研

防伪方式：防伪纸张 防伪油墨 异形齿孔 荧光喷码

印刷厂：北京邮票厂

2018-29　广西壮族自治区成立六十周年（J）
2018-29　The 60th Anniversary of Guangxi Zhuang Autonomous Region（J）

2018-10-18　影写版　13度

50mm×30mm

整张枚数：18枚（6套，3枚连印）

整张规格：180mm×220mm

（3-1）J 1.20元　和谐家园　　　　　977.41万枚

（3-2）J 1.20元　开放门户　　　　　977.41万枚

（3-3）J 1.20元　生态福地　　　　　977.41万枚

　　3全　　　　　　　　　　　　　　　　3.60元

设计者：殷会利、叶宝岩

责任编辑：董研

防伪方式：防伪纸张 防伪油墨 异形齿孔 荧光喷码

印刷厂：北京邮票厂

2018-30　中国国际进口博览会（J）
2018-30　China International Import Expo（J）

2018-11-05　影写版　13.5度

30mm×50mm

版式一：16枚（4×4）

版式一规格：146mm×240mm

（2-1）J 1.20元　开放合作　　　　　1247.98万枚

（2-2）J 1.20元　共享未来　　　　　1247.98万枚

　　2全　　　　　　　　　　　　　　　　2.40元

资料提供：国家会展中心（上海）有限责任公司

设计者：宋鉴

责任编辑：干止戈

防伪方式：防伪纸张 防伪油墨 异形齿孔 荧光喷码

印刷厂：北京邮票厂

版式二：8 枚（4 套，绢质，胶版）

版式二规格：150mm×170mm

版式二发行量：117.98 万版

　1 全　　　　　　　　　　　　　　　9.60 元

2018-31　港珠澳大桥（J）
2018-31　Hong Kong–Zhuhai–Macao Bridge（J）

2018-10-30　影写版　13.5 度

30mm×40mm

整张枚数：16 枚（4×3）

整张规格：150mm×196mm

（3-1）　J　1.20 元　青州桥　　　　1264.61 万枚

（3-2）　J　1.50 元　东人工岛　　　1238.37 万枚

（3-3）　J　1.50 元　海底隧道　　　1238.37 万枚

　　3 全　　　　　　　　　　　　　4.20 元

资料提供：港珠澳大桥管理局、

　　　　　中交公路规划设计院有限公司、

　　　　　中交第四航务工程勘察设计院有限公司

设计者：史渊

责任编辑：李可心

防伪方式：防伪纸张 防伪油墨 异形齿孔 荧光喷码

印刷厂：北京邮票厂

2018-32　北京 2022 年冬奥会 —— 雪上运动（J）
2018-32　Olympic Winter Games Beijing 2022—Snow Sports（J）

2018-11-16　影写版　13 度

40mm×30mm

版式一：16 枚（4×4）

版式一规格：200mm×160mm

（4-1）　J　1.20 元　越野滑雪　　　1294.75 万枚

（4-2）　J　1.20 元　高山滑雪　　　1360.35 万枚

（4-3）　J　1.20 元　冬季两项　　　1294.75 万枚

（4-4）　J　1.20 元　自由式滑雪　　1330.91 万枚

　　4 全　　　　　　　　　　　　　4.80 元

资料提供：北京 2022 年冬奥会和冬残奥会组织委员会

设计者：沈嘉宏

责任编辑：干止戈

防伪方式：防伪纸张 防伪油墨 异形齿孔 荧光喷码

印刷厂：北京邮票厂

版式二：8 枚（2 套）

版式二规格：200mm×120mm

版式二发行量：127.96 万版

　1 全　　　　　　　　　　　　　　　9.60 元

2018-33　两岸"三通"十周年（J）

2018-33　The 10th Anniversary of the "Three Direct Links"between Both Sides of the Taiwan Straits（J）

2018-12-15　影写版　13.5 度

30mm×40mm

整张枚数：12 枚（4×3）

整张规格：150mm×160mm

（1-1）　J　1.20 元　两岸"三通"十周年　1068.45 万枚

1 全　　　　　　　　　　　　　　　　1.20 元

资料提供：北京全景视觉网络科技股份有限公司

设计者：章志伟

责任编辑：温文雅

防伪方式：防伪纸张 防伪油墨 异形齿孔 荧光喷码

印刷厂：北京邮票厂

2018-34　改革开放四十周年（J）

2018-34　40th Anniversary of Reform and Opening-Up（J）

2018-12-18　影写版　13 度

50mm×30mm

版式一：16 枚（4×4）

版式一规格：240mm×150mm

（2-1）　J　1.20 元　高举旗帜　　　1587.40 万枚

（2-2）　J　1.20 元　伟大实践　　　1587.40 万枚

2 全　　　　　　　　　　　　　　　2.40 元

邮票资料提供：中国共产党凤阳县委员会宣传部、

新华社照片、

上海飞乐音响股份有限公司、

王虎鸣

设计者：李志宏

责任编辑：何金梅

防伪方式：防伪纸张 防伪油墨 异形齿孔 荧光喷码

印刷厂：北京邮票厂

版式二：8 枚（4 套）

版式二规格：186mm×141mm

版式二发行量：159.98 万版

1 全　　　　　　　　　　　　　　　9.60 元

2018-34M　改革开放四十周年（小型张）（J）　　1 全　　　　6.00 元

2018-34M　40th Anniversary of Reform and
　　　　　　Opening-Up（Souvenir Sheet）
　　　　　　（J）

2018-12-18　影写版　13.5 度

小型张规格：150mm×100mm

邮票规格：108mm×71mm

（1-1）J 6 元　筑梦新时代　　　　1049.09 万枚

小型张资料提供：中国共产党凤阳县委员会宣传部、
　　　　　　　　　　新华社照片、
　　　　　　　　　　上海飞乐音响股份有限公司

设计者：李志宏

责任编辑：何金梅

防伪方式：防伪纸张 防伪油墨 异形齿孔 荧光喷码

印刷厂：北京邮票厂

设计者：宋鉴

责任编辑：何金梅

防伪方式：防伪纸张 防伪油墨 异形齿孔 荧光喷码

印刷厂：北京邮票厂

2019-5　马拉松（T）
2019-5　Marathon（T）

2019-03-31　影写版　13.5 度

30mm×40mm

整张枚数：16 枚（4×4）

整张规格：146mm×200mm

（2-1）T 1.20 元　超越自我		1046.93 万枚
（2-2）T 1.20 元　跑向健康		1046.93 万枚
2 全		2.40 元

设计者：张强

责任编辑：刘畅

防伪方式：防伪纸张 防伪油墨 异形齿孔 荧光喷码

印刷厂：北京邮票厂

2019-6　中国古典文学名著 ——《西游记》（三）（T）
2019-6　Journey to the West, a Masterpiece in Classical Chinese Literature（Ⅲ）（T）

2019-04-20　影写版　13×13.5 度

38mm×50mm

版式一：16 枚（4×4）

版式一规格：180mm×240mm

（4-1）T 1.20 元　三打白骨精		1165.57 万枚
（4-2）T 1.20 元　智斗红孩儿		1165.57 万枚
（4-3）T 1.50 元　斗法车迟国		1165.57 万枚
（4-4）T 1.50 元　情阻女儿国		1165.57 万枚
4 全		5.40 元

设计者：李云中

责任编辑：王静

防伪方式：防伪纸张 防伪油墨 异形齿孔 荧光喷码

印刷厂：北京邮票厂

版式二：8枚（2套）

版式二规格：200mm×156mm

版式二边饰设计者：夏竞秋

版式二边饰资料提供：李云中

版式二发行量：119.94 万版

　　1 全　　　　　　　　　　　　　　9.60 元

2019-6M　中国古典文学名著 ——《西游记》（三）（小型张）（T）

2019-6M　Journey to the West, a Masterpiece in Classical Chinese Literature（Ⅲ）（Souvenir Sheet）（T）

2019-04-20　影写版　13×13.5 度

小型张规格：138mm×93mm

邮票规格：95mm×68mm

（1-1） T 6元　众神收青牛　　　　768.96 万枚

　　1 全　　　　　　　　　　　　　　6.00 元

设计者：李云中

责任编辑：王静

防伪方式：防伪纸张 防伪油墨 异形齿孔 荧光喷码

印刷厂：北京邮票厂

注：另制作四方连邮票折，成品规格为 114mm×164mm，
　　面值为 21.60 元，专用于中国集邮有限公司邮品，设
　　计者为夏竞秋，资料提供者为李云中。

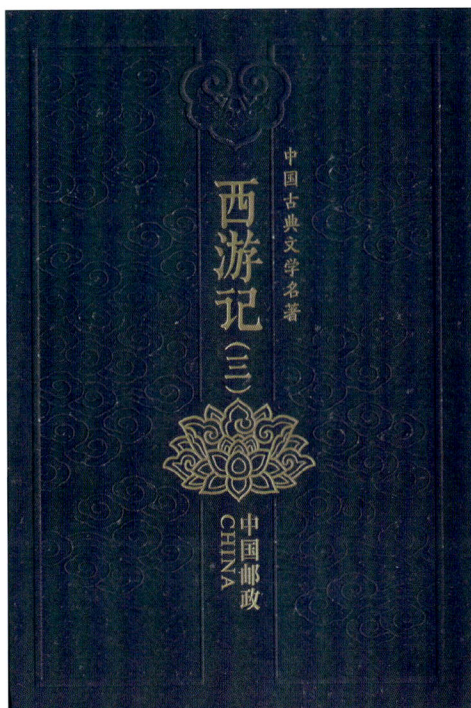

2019-7 2019年中国北京世界园艺博览会（J）
2019-7 International Horticultural Exhibition 2019 Beijing China（J）

2019-04-29 影写版 13度

50mm×30mm

整张枚数：16枚（4×4）

整张规格：240mm×150mm

（2-1）J 80分 绿色生活 917.70万枚
（2-2）J 1.20元 美丽家园 917.70万枚
　　2全 2.40元
资料提供：北京世界园艺博览会事务协调局
设计者：武世宁
责任编辑：温文雅
防伪方式：防伪纸张 防伪油墨 异形齿孔 荧光喷码
印刷厂：北京邮票厂

2019-8 "五四"运动一百周年（J）
2019-8 The Centennial of the May Fourth Movement（J）

2019-05-04 胶版 13度

44mm×33mm

整张枚数：16枚（4×4）

整张规格：210mm×165mm

（2-1）J 1.20元 传承"五四"精神 866.55万枚
（2-2）J 1.20元 奋进新时代 866.55万枚
　　2全 2.40元
设计者：夏竞秋
雕塑作者：滑田友
责任编辑：何金梅
防伪方式：防伪纸张 防伪油墨 异形齿孔 荧光喷码
印刷厂：辽宁省沈阳邮电印刷厂

2019-9 芍药（T）
2019-9 Herbaceous Peony（T）

2019-05-11 胶雕套印 13度

40mm×30mm

版式一：16枚（4×4）

版式一规格：200mm×150mm

（4-1）T　1.20 元　芍药　　　　　965.87 万枚

（4-2）T　1.20 元　川赤芍　　　　965.87 万枚

（4-3）T　1.20 元　草芍药　　　　965.87 万枚

（4-4）T　1.20 元　美丽芍药　　　965.87 万枚

　4 全　　　　　　　　　　　　　4.80 元

设计者：龚文桢

雕刻者：张宇、彭巍栋、钱志敏、宗伟雄

责任编辑：温文雅

防伪方式：防伪纸张 防伪油墨 异形齿孔 荧光喷码

印刷厂：河南省邮电印刷厂

版式二：8 枚（2 套）

版式二规格：130mm×190mm

版式二边饰设计者：邢文伟

版式二发行量：117.98 万版

　1 全　　　　　　　　　　　　　9.60 元

2019-10　中国古镇（三）（T）

2019-10　Ancient Towns of China（Ⅲ）（T）

2019-05-19　胶雕套印　13 度

50mm×30mm

版式一：16 枚（4×4）

版式一规格：240mm×150mm

（4-1）T　80 分　　天津西青杨柳青镇　　992.13 万枚

（4-2）T　80 分　　河北永年广府镇　　　997.57 万枚

（4-3）T　1.20 元　浙江江山廿八都镇　1037.57 万枚

（4-4）T　1.20 元　湖南永顺芙蓉镇　　992.13 万枚

　4 全　　　　　　　　　　　　　4.00 元

设计者：刘博、尹晓飞

雕刻者：刘博、尹晓飞、刘明慧

责任编辑：刘畅

防伪方式：防伪纸张 防伪油墨 异形齿孔 荧光喷码

印刷厂：北京邮票厂

版式二：8 枚（2 套）

版式二规格：153mm×156mm

版式二边饰设计者：王虎鸣

版式二发行量：114.97 万版

　1 全　　　　　　　　　　　　　8.00 元

2019-11　儿童游戏（二）（T）

2019-11　Children's Games（Ⅱ）（T）

2019-06-01　影写版　13.5度

30mm×40mm

版式一：16枚（4×4）

版式一规格：150mm×210mm

（4-1）T 80分	拼拼图		965.07万枚
（4-2）T 80分	堆沙堡		965.07万枚
（4-3）T 1.20元	滑轮滑		965.07万枚
（4-4）T 1.20元	搭积木		965.07万枚

　　　4 全　　　　　　　　　　　　　　4.00 元

设计者：景绍宗

责任编辑：温文雅

防伪方式：防伪纸张 防伪油墨 异形齿孔 荧光喷码

印刷厂：北京邮票厂

版式二：8枚（2套）

版式二规格：160mm×120mm

版式二发行量：114.97万版

　　　1 全　　　　　　　　　　　　　　8.00 元

2019-12　中国 2019 世界集邮展览（J）
2019-12　China 2019 World Stamp Exhibition（J）

2019-06-11　胶版　13 度

32mm×50mm

版式一：16 枚（4×4）

版式一规格：163mm×236mm

（2-1）J　1.20 元　江汉揽胜图（局部）　1115.92 万枚

（2-2）J　1.20 元　江汉揽胜图（局部）　1115.92 万枚

　2 全　　　　　　　　　　　　　　　　　2.40 元

资料提供：武汉博物馆 湖北省博物馆

设计者：王虎鸣

责任编辑：李可心

防伪方式：防伪纸张 防伪油墨 异形齿孔 荧光喷码

印刷厂：河南省邮电印刷厂

版式二：8 枚（4 套）

版式二规格：191mm×138mm

版式二发行量：119.97 万版

　1 全　　　　　　　　　　　　　　　　　9.60 元

2019-12M 中国 2019 世界集邮展览（小型张）（J）

2019-12M China 2019 World Stamp Exhibition（Souvenir Sheet）（J）

2019-06-11 胶雕套印 13 度

小型张规格：146mm×95mm

邮票规格：半径 31mm （圆形）

（1-1）J 6 元 曾侯乙尊盘 759.07 万枚

1 全 6.00 元

资料提供：武汉博物馆、湖北省博物馆

设计者：王虎鸣

雕刻者：白金

责任编辑：李可心

防伪方式：防伪纸张 防伪油墨 异形齿孔 荧光喷码

印刷厂：河南省邮电印刷厂

注：为配合中国 2019 世界集邮展览活动，另印制《中国 2019 世界集邮展览》特殊工艺小型张 1 枚，发行量为 40 万枚。

另特别制作《中国 2019 世界集邮展览》小型张双连张 1 枚，用于供应全国集邮协会会员，双连张规格为 160mm×210mm。

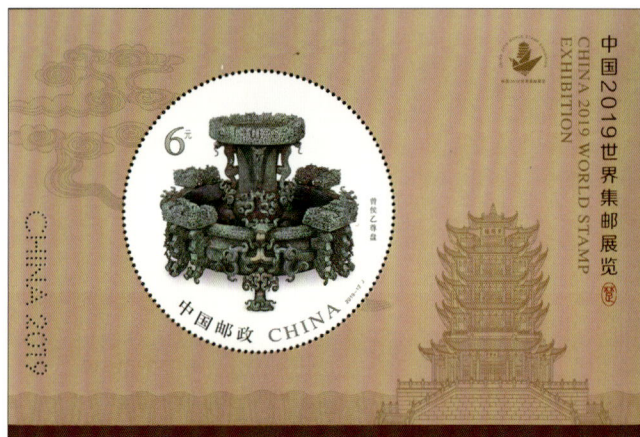

2019-13　中欧班列（义乌—马德里）（T）

2019-13　CHINA RAILWAY Express（YIWU-MADRID）（China-Spain Joint Issue）（T）

2019-06-15　胶雕套印　13.5 度

底边 50mm，斜边 32mm，高 28mm　（平行四边形）

整张枚数：12 枚（6 套，2 枚连印）

整张规格：200mm×240mm

（2-1）T	1.20 元	义乌	748.56 万枚
（2-2）T	1.20 元	马德里	748.56 万枚
2 全			2.40 元

资料提供：龚小强

设计者：蒋蔚

雕刻者：马丁·莫克（丹麦）

责任编辑：温文雅

防伪方式：防伪纸张 防伪油墨 异形齿孔 荧光喷码

印刷厂：北京邮票厂

2019-14　第七届世界军人运动会（J）

2019-14　7th CISM Military World Games（J）

2019-07-10　影写版　13 度

50mm×30mm

版式一：16 枚（4×4）

版式一规格：240mm×170mm

（4-1）J	80 分	田径·标枪	990.12 万枚
（4-2）J	80 分	军事五项·障碍跑	990.12 万枚
（4-3）J	1.20 元	海军五项·航海技术	990.12 万枚
（4-4）J	1.20 元	跳伞·四人造型	990.12 万枚
4 全			4.00 元

设计者：于秋艳

责任编辑：李金薇

防伪方式：防伪纸张 防伪油墨 异形齿孔 荧光喷码

印刷厂：北京邮票厂

版式二：8 枚（2 套）

版式二规格：240mm×115mm

版式二发行量：99.97 万版

1 全	8.00 元

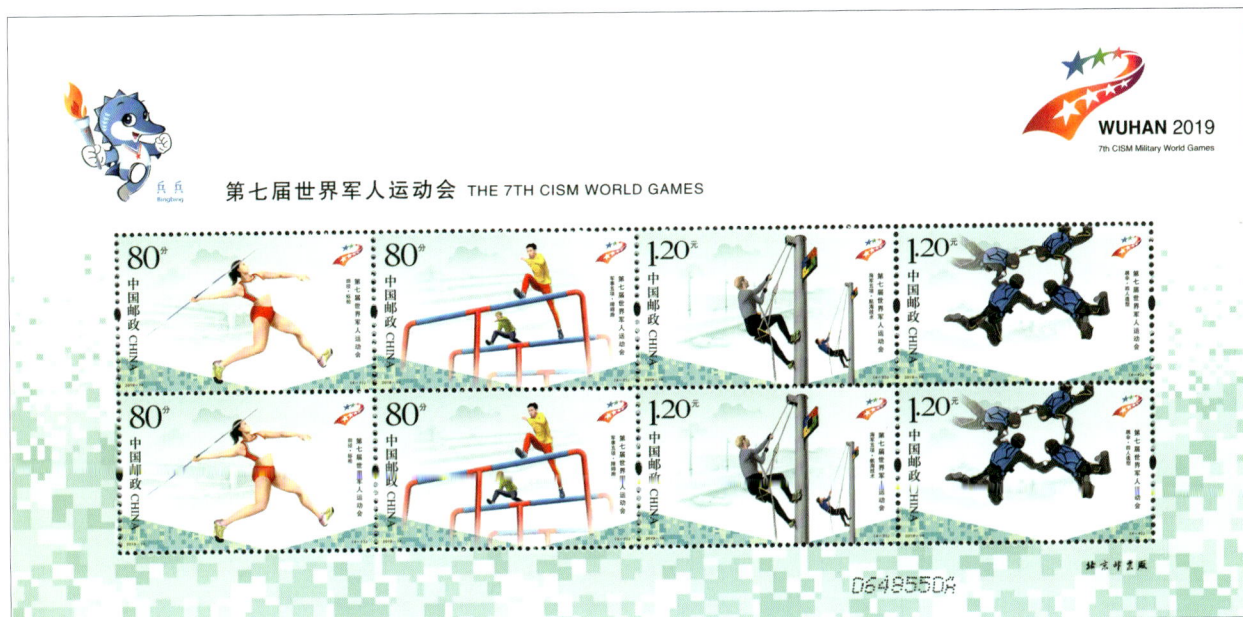

2019-15 鄱阳湖（T）
2019-15 Poyang Lake（T）

2019-07-20　影写版　13.5×13度

60mm×30mm

整张枚数：12枚（3×4）

整张规格：206mm×180mm

（3-1）T	80分	石钟奇音	857.42万枚
（3-2）T	1.20元	鞋山神韵	857.42万枚
（3-3）T	1.20元	湿地奇观	857.42万枚
3全			3.20元

设计者：杨文清

责任编辑：何金梅

防伪方式：防伪纸张 防伪油墨 异形齿孔 荧光喷码

印刷厂：北京邮票厂

2019-16 五岳图（T）
2019-16 Five Sacred Mountains（T）

2019-08-03　胶雕套印　13度

76mm×30mm

整张枚数：10枚（5×2）

整张规格：185mm×210mm

（5-1）T	1.20元	日观晴曦	843.76万枚
（5-2）T	1.20元	太华清秋	843.76万枚
（5-3）T	1.20元	融峰雨色	843.76万枚
（5-4）T	1.20元	恒塞积雪	843.76万枚
（5-5）T	1.20元	二室争奇	843.76万枚
5全			6.00元

邮票资料提供：故宫博物院

设计者：王虎鸣

雕刻者：尹海蓉、赵川、牛凯、刘益民、白金

责任编辑：王静

防伪方式：防伪纸张 防伪油墨 异形齿孔 荧光喷码

印刷厂：河南省邮电印刷厂

2019-16M 五岳图（小全张）（T）
2019-16M Five Sacred Mountains（Miniature Sheet）（T）

2019-08-03　胶雕套印　13度

小全张规格：108mm×195mm

6.00元	五岳图	694.02万枚

售价：9.00元

1全		9.00元

邮票资料提供：故宫博物院

小全张边饰资料提供：上海博物馆、李湜、故宫博物院

设计者：王虎鸣

雕刻者：尹海蓉、赵川、牛凯、刘益民、白金

责任编辑：王静

防伪方式：防伪纸张 防伪油墨 异形齿孔 荧光喷码

印刷厂：河南省邮电印刷厂

五 岳 图

设计者：倪传婧

责任编辑：干止戈

防伪方式：防伪纸张 防伪油墨 荧光喷码

印刷厂：北京邮票厂

2019-17　中国古代神话（二）（T）
2019-17　Ancient Chinese Mythology（Ⅱ）（T）

2019-08-06　影写版　13.5×13 度

30mm×40mm

整张枚数：16 枚（一图、二图各 8 枚 / 张，三图、四图各 8 枚 / 张，五图、六图各 8 枚 / 张）

整张规格：150mm×210mm

（6-1）	T 80 分	燧人取火	850.17 万枚
（6-2）	T 80 分	伏羲画卦	850.17 万枚
（6-3）	T 1.20 元	神农尝百草	850.17 万枚
（6-4）	T 1.20 元	嫘祖始蚕	850.17 万枚
（6-5）	T 1.20 元	仓颉造字	850.17 万枚
（6-6）	T 1.20 元	大禹治水	850.17 万枚
6 全			6.40 元

2019-18　川藏青藏公路建成通车六十五周年（J）
2019-18　The 65th Anniversary of Sichuan-Tibet Highway and Qinghai-Tibet Highway Opening to Traffic（J）

2019-08-10　胶版　13 度

50mm×30mm

整张枚数：16 枚（8 套，连印）

整张规格：240mm×150mm

（2-1）	J 80 分	川藏公路	796.93 万枚
（2-2）	J 1.20 元	青藏公路	796.93 万枚
2 全			2.00 元

设计者：邵立辰、余勇

责任编辑：杨志英

防伪方式：防伪纸张 防伪油墨 异形齿孔 荧光喷码

印刷厂：河南省邮电印刷厂

2019-22　北京大兴国际机场通航纪念（J）
2019-22　Commemoration of the Opening of Beijing Daxing International Airport（J）

2019-09-26　影写版　13.5×13 度

60mm×30mm　附票 60mm×15mm

整张枚数：9 枚（3×3）

整张规格：230mm×180mm

（1-1）J 1.20 元　北京大兴国际机场通航纪念

797.94 万枚

1 全　　　　　　　　　　　　　　　　1.20 元

资料提供：首都机场集团公司北京新机场管理中心

设计者：史渊

责任编辑：干止戈

防伪方式：防伪纸张 防伪油墨 异形齿孔 荧光喷码

印刷厂：北京邮票厂

2019-23　中华人民共和国成立七十周年（J）
2019-23　70th Anniversary of the Founding of the People's Republic of China（J）

2019-10-01　影写版　13 度

44mm×33mm

版式一：12 枚（3×4）

版式一规格：190mm×166mm

（5-1）J 1.20 元　经济持续健康发展　　1387.76 万枚
（5-2）J 1.20 元　社会主义民主政治推进　1387.76 万枚
（5-3）J 1.20 元　文化繁荣兴盛　　　　　1387.76 万枚
（5-4）J 1.20 元　人民生活不断改善　　　1387.76 万枚
（5-5）J 1.20 元　建设美丽中国　　　　　1387.76 万枚

5 全　　　　　　　　　　　　　　　　6.00 元

设计者：原艺珊

责任编辑：李可心、干止戈

防伪方式：防伪纸张 防伪油墨 异形齿孔 荧光喷码

印刷厂：北京邮票厂

版式二：10 枚（2 套）

版式二规格：245mm×110mm

版式二发行量：149.98 万版

1 全　　　　　　　　　　　　　　　12.00 元

2019-23M　中华人民共和国成立七十周年（小型张）（J）

2019-23M　70th Anniversary of the Founding of the People's Republic of China（Souvenir Sheet）（J）

2019-10-01　影写版　13 度

小型张规格：118mm×89mm

邮票规格：67mm×52mm

（1-1）J 6 元　祝福祖国　　　　　　789.87 万枚

　　1 全　　　　　　　　　　　　6.00 元

设计者：原艺珊

小型张五十六个民族原画作者：何洁、何忠、冯小红

责任编辑：李可心、干止戈

防伪方式：防伪纸张 防伪油墨 异形齿孔 荧光喷码

印刷厂：北京邮票厂

注：另与香港邮政、澳门邮电共同印制同题材小型张本票 1 本，内含中国邮政、香港邮政、澳门邮电小型张各 1 枚。小型张本票设计者为夏竞秋，成品规格为170mm×116mm，发行量为 30 万本。

2019-27　南开大学建校一百周年（J）
2019-27　100th Anniversary of Nankai University（J）

2019-10-17　胶版　13 度

50mm×30mm

整张枚数：16 枚（4×4）

整张规格：240mm×190mm

（1-1）J 1.20 元　南开大学建校一百周年　　898.56 万枚

　　1 全　　　　　　　　　　　　　　　　　1.20 元

资料提供：南开大学

设计者：吴勇

责任编辑：李可心

防伪方式：防伪纸张 防伪油墨 异形齿孔 荧光喷码

印刷厂：河南省邮电印刷厂

2019-28　科技创新（二）（J）
2019-28　Innovation in Science and Technology（Ⅱ）（J）

2019-11-01　胶版（采用局部全息烫印工艺）　13 度

40mm×30mm

整张枚数：16 枚（4×4）

整张规格：200mm×150mm

（5-1）J 1.20 元　嫦娥四号　　　　　　944.24 万枚

（5-2）J 1.20 元　体细胞克隆猴　　　　944.24 万枚

（5-3）J 1.20 元　量子反常霍尔效应的实验发现

　　　　　　　　　　　　　　　　　　944.24 万枚

（5-4）J 1.50 元　阿尔茨海默病治疗新药 GV-971

　　　　　　　　　　　　　　　　　　952.88 万枚

（5-5）J 1.50 元　中国散裂中子源　　　944.24 万枚

　　　5 全　　　　　　　　　　　　　　　6.60 元

设计者：杜钰凯

责任编辑：温文雅

防伪方式：防伪纸张 防伪油墨 异形齿孔 荧光喷码

印刷厂：河南省邮电印刷厂

2019-29　精准扶贫（J）
2019-29　Targeted Poverty Alleviation（J）

2019-11-29　影写版　13 度

50mm×30mm

整张枚数：16 枚（一图、二图各 8 枚 / 张，三图、四图各 8 枚 / 张，五图、六图各 8 枚 / 张）

整张规格：240mm×150mm

（6-1）J 1.20 元　大步迈向小康社会　　844.92 万枚

（6-2）J 1.20 元　福建宁德市赤溪村　　844.92 万枚

（6-3）J 1.20 元　湖南花垣县十八洞村　844.92 万枚

（6-4）J 1.20 元　宁夏永宁县闽宁镇　　844.92 万枚

（6-5）J 1.20 元　河南兰考县　　　　　844.92 万枚

（6-6）J 1.20 元　江西井冈山市　　　　844.92 万枚

　　　6 全　　　　　　　　　　　　　　　7.20 元

设计者：李志宏

责任编辑：何金梅

防伪方式：防伪纸张 防伪油墨 异形齿孔 荧光喷码

印刷厂：北京邮票厂

2019-30 澳门回归祖国二十周年（J）

2019-30 The 20th Anniversary of the Return of Macao to China（J）

2019-12-20　影写版　13 度

44mm×33mm

整张枚数：12 枚（3×4）

整张规格：180mm×166mm

（3-1）J 1.20 元	爱国爱澳 薪火相传	876.81 万枚
（3-2）J 1.20 元	中西荟萃 和谐共融	876.81 万枚
（3-3）J 1.50 元	城市建设 繁荣发展	876.81 万枚
3 全		3.90 元

设计者：韩秉华

责任编辑：李金薇

防伪方式：防伪纸张 防伪油墨 异形齿孔 荧光喷码

印刷厂：北京邮票厂

注：另与澳门邮电共同印制同题材邮票小全张 1 枚，内含中国邮政、澳门邮电邮票各 3 枚。小全张整张规格为 110mm×150mm。小全张设计者为韩秉华，发行量为 15 万枚。

2019-31 二十四节气（四）（T）

2019-31 The 24 Solar Terms（Ⅳ）（T）

2019-11-08　影写版　13 度

上圆弧长 30.76mm，直边长 48mm　（扇形）

整张枚数：12 枚（2 套，6 枚连印）

整张规格：196mm×185mm

（6-1）T 1.20 元	立冬	746.86 万枚
（6-2）T 1.20 元	小雪	746.86 万枚
（6-3）T 1.20 元	大雪	746.86 万枚
（6-4）T 1.20 元	冬至	746.86 万枚
（6-5）T 1.20 元	小寒	746.86 万枚
（6-6）T 1.20 元	大寒	746.86 万枚
6 全		7.20 元

设计者：刘金贵、王虎鸣

责任编辑：王静

防伪方式：防伪纸张 防伪油墨 异形齿孔 荧光喷码

印刷厂：北京邮票厂

注：另特别制作《二十四节气》特殊版式小全张 1 枚，成品规格为 260mm×260mm，发行量为 10 万枚。

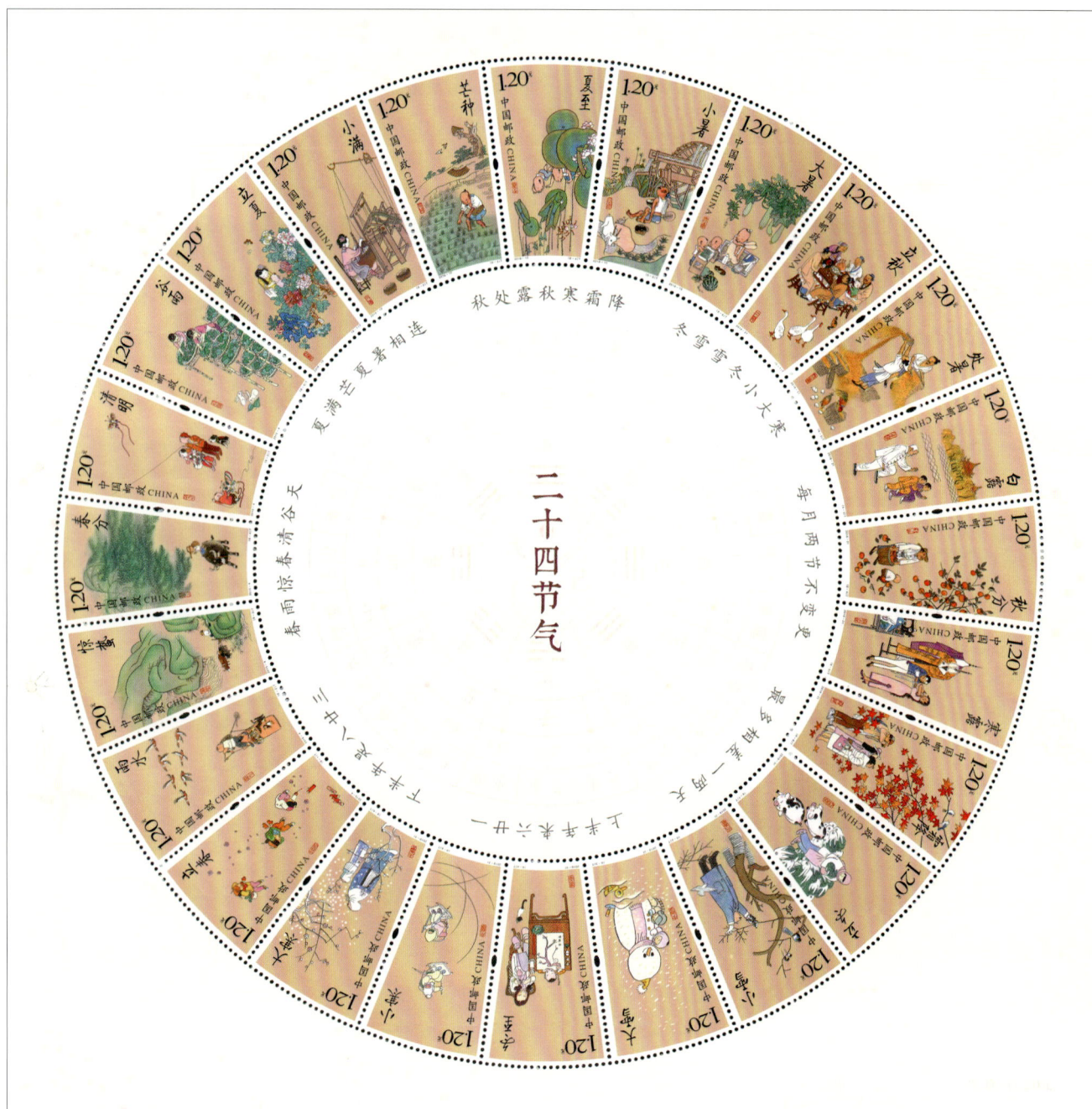

2020 年

特 11-2020　众志成城 抗击疫情
T11-2020　Union Is Strength in Fighting Against COVID-19

2020-05-11　影写版　13.5 度

36mm×36mm

版式一：16 枚（连票，8 套）

版式一规格：185mm×216mm

（2-1）　1.20 元　众志成城　　　　　1449.54 万枚

（2-2）　1.20 元　抗击疫情　　　　　1449.54 万枚

　　2 全　　　　　　　　　　　　　　2.40 元

设计者：王虎鸣、刘向平

边饰设计者：王虎鸣

责任编辑：李可心

防伪方式：防伪纸张 防伪油墨 异形齿孔 荧光喷码

印刷厂：北京邮票厂

2020-1　庚子年（T）
2020-1　Geng-Zi Year（T）

2020-01-05　胶雕套印　13 度

36mm×36mm

版式一：16 枚（4×4）

版式一规格：168mm×196mm

（2-1）　T　1.20 元　子鼠开天　　　4497.62 万枚

（2-2）　T　1.20 元　鼠兆丰年　　　4297.62 万枚

　　2 全　　　　　　　　　　　　　　2.40 元

设计者：韩美林

雕刻者：刘博

责任编辑：王静

防伪方式：防伪纸张 防伪油墨 异形齿孔 荧光喷码

印刷厂：北京邮票厂

版式二：6 枚

版式二规格：128mm×180mm

0992410A

0992410A

版式二发行量：260 万版

　2 全　　　　　　　　　　　　　　　　14.40 元

版式三：4 枚（2 套）

版式三规格：120mm×160mm

版式三发行量：526 万版

　1 全　　　　　　　　　　　　　　　　 9.00 元

注：作为 2020 年纪特邮票全额交款预订户赠品。

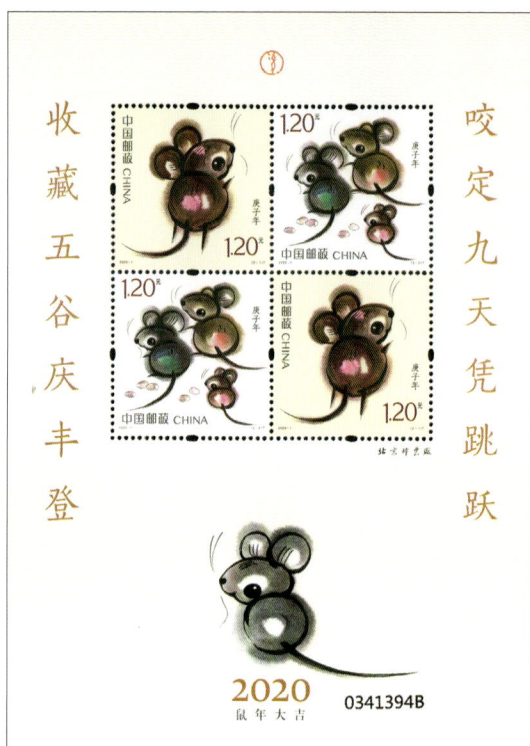

2020-2　北京 2022 年冬奥会吉祥物和冬残奥会吉祥物（J）

2020-2　The Mascots of the Olympic and Paralympic Winter Games Beijing 2022（J）

2020-01-16　影写版　13.5 度

30mm×40mm

整张枚数：12 枚（3×4）

整张规格：146mm×226mm

（2-1）　J　1.20 元　北京 2022 年冬奥会吉祥物

　　　　　　　　　　　　　　　　978.07 万枚

（2-2）　J　1.20 元　北京 2022 年冬残奥会吉祥物

　　　　　　　　　　　　　　　　888.07 万枚

　2 全　　　　　　　　　　　　　　　　 2.40 元

资料提供：北京 2022 年冬奥会和冬残奥会组织委员会

设计者：史渊

责任编辑：干止戈

防伪方式：防伪纸张 防伪油墨 异形齿孔 荧光喷码

印刷厂：北京邮票厂

2020-3　中国剪纸（二）（T）

2020-3　Chinese Paper-cut（Ⅱ）（T）

2020-02-08　胶版（采用局部全息烫印工艺）13 度

50mm×30mm

整张枚数：12 枚（3×4）

整张规格：186mm×158mm

（4-1）　T　1.20 元　山东胶东·三娘教子　786.09 万枚

（4-2）　T　1.20 元　陕西安塞·腰鼓贺春　786.09 万枚

（4-3）　T　1.20 元　河北献县·王小赶脚　784.89 万枚

（4-4）　T　1.20 元　吉林通化·吉祥采参路　790.89 万枚

　4 全　　　　　　　　　　　　　　　　 4.80 元

设计者：王虎鸣

一图剪纸原作者：佚名；资料提供：郭万祥

二图剪纸原作者：李秀芳

三图剪纸原作者：蔡兰英

四图剪纸原作者：倪友芝

责任编辑：王静、干止戈

防伪方式：防伪纸张 防伪油墨 异形齿孔 荧光喷码

印刷厂：河南省邮电印刷厂

2020-4　吴冠中作品选（T）

2020-4　Selected Works of Wu Guanzhong（T）

2020-03-20　胶版 （6-1）（6-2）（6-3）　13×13.5 度

（6-4）（6-5）（6-6）　13 度

（6-1）（6-2）（6-3）　35mm×50mm　　8 枚（4×2）

（6-4）（6-5）（6-6）　50mm×30mm　　8 枚（2×4）

整张规格：（6-1）（6-2）（6-3）　176mm×138mm

　　　　　　（6-4）（6-5）（6-6）　136mm×158mm

（6-1）　T 1.20 元　高粱与棉花　　　　775.94 万枚

（6-2）　T 1.20 元　瓜藤　　　　　　　775.94 万枚

（6-3）　T 1.20 元　水巷　　　　　　　775.94 万枚

（6-4）　T 1.50 元　巴山春雪　　　　　775.94 万枚

（6-5）　T 1.50 元　双燕　　　　　　　775.94 万枚

（6-6）　T 3 元　　鹤舞　　　　　　　775.94 万枚

　　6 全　　　　　　　　　　　　　　　　9.60 元

资料提供：吴可雨、吴有宏、吴乙丁

设计者：王虎鸣

责任编辑：李金薇

防伪方式：防伪纸张 防伪油墨 异形齿孔 荧光喷码

印刷厂：北京邮票厂

2020-5　中埃建交五十周年（与埃塞俄比亚联合发行）（J）

2020-5　The 50th Anniversary of China-Ethiopia Diplomatic Relations（China-Ethiopia Joint Issue）（J）

2020-11-24　影写版　13 度

50mm×30mm

整张枚数：12 枚（3×4）

整张规格：180mm×190mm

（2-1）　J 1.20 元　北京奥林匹克森林公园　718.38 万枚

（2-2）　J 1.20 元　亚的斯亚贝巴谢格尔公园 718.38 万枚

　　2 全　　　　　　　　　　　　　　　2.40 元

摄影者：张宇（一图）

设计者：马立航

责任编辑：温文雅

防伪方式：防伪纸张 防伪油墨 异形齿孔 荧光喷码

印刷厂：北京邮票厂

2020-6　中国第一颗人造地球卫星发射成功五十周年（J）

2020-6　50th Anniversary of the Successful Launch of China's First Artificial Satellite（J）

2020-04-24　胶版（采用局部压凸工艺）　13 度

44mm×33mm

整张枚数：10 枚（2×5）

整张规格：128mm×205mm

（1-1）　J 1.20 元　中国第一颗人造地球卫星发射成功

　　　　　　　　　五十周年　　　　　729.60 万枚

　　1 全　　　　　　　　　　　　　　1.20 元

资料提供：国家航天局探月与航天工程中心、

　　　　　国家卫星气象中心、

　　　　　嫦娥奔月航天科技（北京）有限责任公司

设计者：于雪

责任编辑：干止戈

防伪方式：防伪纸张 防伪油墨 异形齿孔 荧光喷码

印刷厂：北京邮票厂

2020-7　中华全国集邮联合会第八次代表大会（J）

2020-7　8th Congress of All-China Philatelic Federation（J）

2020-06-18　影胶套印　13.5 度

小型张规格：120mm×80mm

邮票规格：60mm×50mm

（1-1）J 6 元　中华全国集邮联合会第八次代表大会

599.90 万枚

1 全　　　　　　　　　　　　　　　　6.00 元

资料提供：青海省博物馆、

沂南县北寨汉画像石墓博物馆

摄影者：姚军安

设计者：马立航

责任编辑：王静

防伪方式：防伪纸张 防伪油墨 异形齿孔 荧光喷码

印刷厂：北京邮票厂

2020-8　亚洲文明（一）（T）

2020-8　Asian Civilizations（Ⅰ）（T）

2020-05-15　胶雕套印（6-1）（6-4）（6-6）　13 度

（6-2）（6-3）（6-5）　13.5 度

（6-1）（6-4）（6-6）　44mm×30mm　6 枚（2×3）

（6-2）（6-3）（6-5）　30mm×44mm　6 枚（3×2）

整张规格：120mm×228mm

（6-1）T 1.20 元　乌尔塔庙　　　　718.11 万枚

（6-2）T 1.20 元　洪水泥板　　　　718.11 万枚

（6-3）T 1.20 元　哈拉帕印章　　　718.11 万枚

（6-4）T 1.20 元　摩亨佐·达罗遗址　718.11 万枚

（6-5）T 1.20 元　良渚玉琮　　　　718.11 万枚

（6-6）T 1.20 元　石峁遗址　　　　718.11 万枚

6 全　　　　　　　　　　　　　　　7.20 元

设计者：原艺珊

雕刻者：原艺珊

责任编辑：李金薇

防伪方式：防伪纸张 防伪油墨 异形齿孔 荧光喷码

印刷厂：北京邮票厂

2020-9　中国古典文学名著——《红楼梦》（四）（T）

2020-9　Dream of the Red Chamber，a Masterpiece in Classical Chinese Literature（Ⅵ）（T）

2020-05-17　影写版　13 度

40mm×54mm

整张枚数：16 枚（4×4）

整张规格：190mm×246mm

（4-1）T 1.20 元　鸳鸯抗婚　　　　965.87 万枚

（4-2）T 1.20 元　宝琴立雪　　　　965.87 万枚

（4-3）T 1.20 元　三姐还剑　　　　965.87 万枚

（4-4）T 1.50 元　惑谗抄园　　965.87 万枚

　　4 全　　　　　　　　　　　　5.10 元

设计者：萧玉田

责任编辑：王静、干止戈

防伪方式：防伪纸张 防伪油墨 异形齿孔 荧光喷码

印刷厂：北京邮票厂

版式二：8 枚（2 套）

版式二规格：216mm×144mm

版式二边饰设计者：夏竞秋

版式二边饰原画作者：萧玉田

版式二发行量：109.98 万版

　　1 全　　　　　　　　　　　　10.00 元

2020-9M　中国古典文学名著 ——《红楼梦》（四）（小型张）（T）

2020-9M　Dream of the Red Chamber，a Masterpiece in Classical Chinese Literature（Ⅵ）（Souvenir Sheet）（T）

2020-05-17　影写版　13.5×13 度

小型张规格：138mm×93mm

邮票规格：48mm×66mm

（1-1）T 6 元　湘云眠苟　　659.80 万枚

　　1 全　　　　　　　　　　　　6.00 元

设计者：萧玉田

责任编辑：王静、干止戈

防伪方式：防伪纸张 防伪油墨 异形齿孔 荧光喷码

印刷厂：北京邮票厂

注：另制作四方连邮票折，成品规格为 114mm×164mm，面值 20.40 元，发行量为 15.00 万本。四方连邮票折设计者为夏竞秋，四方连邮票折原画作者为萧玉田。

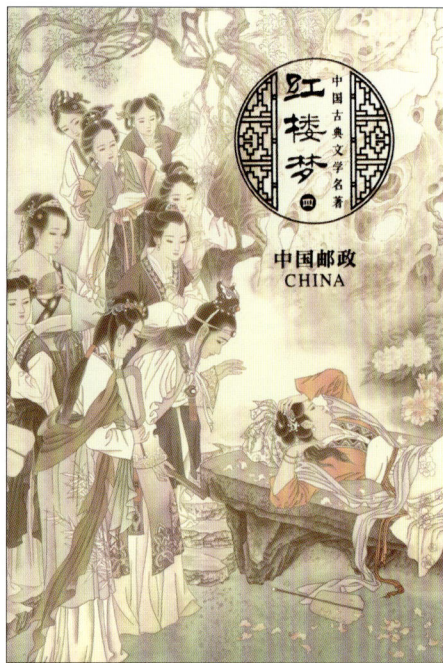

印制：北京邮票厂　设计：夏竞秋

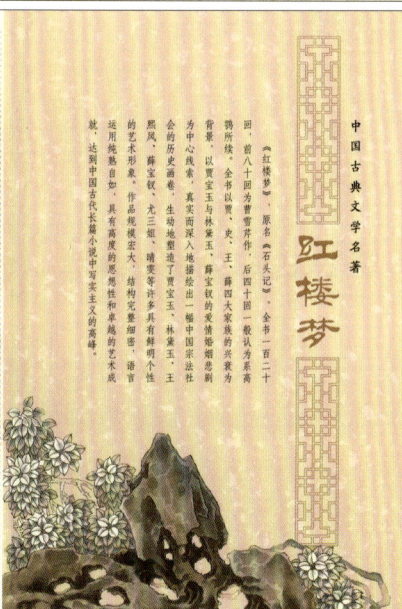

2020-10　玫瑰（T）
2020-10　Rose（T）

2020-05-20　胶版（采用局部全息烫印、压凸工艺）　13.5×13 度

36mm×36mm

整张枚数：16 枚（4×4）

整张规格：180mm×200mm

（4-1）	T 1.20 元	玫瑰	886.71 万枚
（4-2）	T 1.20 元	单瓣粉玫瑰	886.71 万枚
（4-3）	T 1.50 元	重瓣白玫瑰	886.71 万枚
（4-4）	T 1.50 元	重瓣紫玫瑰	886.71 万枚

　　4 全　　　　　　　　　　　　5.40 元

设计者：宋鉴

责任编辑：温文雅

防伪方式：防伪纸张 防伪油墨 异形齿孔 荧光喷码

印刷厂：河南省邮电印刷厂

版式二：8 枚（2 套）

版式二规格：130mm×200mm

版式二发行量：104.94 万版

　　1 全　　　　　　　　　　　　10.80 元

2020-11　中国登山队登顶珠峰六十周年（J）
2020-11　60th Anniversary of the Success of Reaching the Summit of Mt.Qomolangma by the Chinese Mountaineering Team（J）

2020-05-25　影写版　13 度

40mm×30mm

整张枚数：12 枚（3×4）

整张规格：155mm×160mm

（1-1）　J 1.20 元　中国登山队登顶珠峰六十周年

　　　　　　　　　　　　　　　　738.96 万套

　　1 全　　　　　　　　　　　　1.20 元

设计者：武世宁

责任编辑：李金薇

防伪方式：防伪纸张 防伪油墨 异形齿孔 荧光喷码

印刷厂：北京邮票厂

2020-12　动画 —— 葫芦兄弟（T）
2020-12　Animation—Calabash Brothers（T）

2020-06-01　影写版　13 度

50mm×30mm

版式一：12 枚（一图、二图各 6 枚/张，三图、四图各

6 枚 / 张，五图、六图各 6 枚 / 张）

版式一规格：　180mm×230mm

（6-1）T 80 分　七色葫芦　　　　749.32 万枚

（6-2）T 80 分　梦窟迷境　　　　749.32 万枚

（6-3）T 1.20 元　绝路逢生　　　749.32 万枚

（6-4）T 1.20 元　水火奇功　　　749.32 万枚

（6-5）T 1.20 元　巧夺如意　　　749.32 万枚

（6-6）T 1.20 元　七子连心　　　749.32 万枚

　　6 全　　　　　　　　　　　6.40 元

资料提供：上海美术电影制片厂有限公司

设计者：宋鉴

责任编辑：杨志英

防伪方式：防伪纸张 防伪油墨 异形齿孔 荧光喷码

印刷厂：北京邮票厂

2020-13　哈尔滨工业大学建校一百周年（J）

2020-13　100th Anniversary of Harbin Institute of Technology（J）

2020-06-06　胶雕套印（采用局部冷烫工艺）13.5 度

30mm×40mm

整张枚数：12 枚（4×3）

整张规格：165mm×155mm

（1-1）J 1.20 元　哈尔滨工业大学建校一百周年

　　　　　　　　　　　　　779.06 万枚

　　1 全　　　　　　　　　　1.20 元

资料提供：哈尔滨工业大学

摄影者：黄聪

设计者：沈嘉宏

雕刻者：徐喆、尹晓飞

责任编辑：何金梅

防伪方式：防伪纸张 防伪油墨 异形齿孔 荧光喷码

印刷厂：北京邮票厂

2020-14　莫高窟（T）

2020-14　Mogao Grottoes（T）

2020-09-26　影胶套印　13 度

（4-1）（4-4）　38mm×50mm　12 枚（4×3）

（4-2）（4-3）　50mm×38mm　12 枚（3×4）

版式一规格：190mm×230mm

（4-1）T 1.20 元　北魏 释迦禅定像　787.34 万枚

（4-2）T 1.20 元　北魏 影塑飞天　787.34 万枚

（4-3）T 1.20 元　西魏 佛菩萨像　787.34 万枚

（4-4）T 1.20 元　唐 菩萨坐像　787.34 万枚

　　4 全　　　　　　　　　　4.80 元

摄影者：吴健、丁小胜、孙志军

设计者：夏竞秋

责任编辑：温文雅

防伪方式：防伪纸张 防伪油墨 异形齿孔 荧光喷码

印刷厂：北京邮票厂

2020-14M　莫高窟（小型张）（T）

2020-14M　Mogao Grottoes（Souvenir Sheet）（T）

2020-09-26　影写版　13.5 度

小型张规格：150mm×84mm

邮票规格：81mm×62mm　（异形）

（1-1）T 6 元　唐 释迦佛一铺　　　　619.78 万枚

　　1 全　　　　　　　　　　　　　　　6.00 元

设计者：夏竞秋

责任编辑：温文雅

防伪方式：防伪纸张 防伪油墨 异形齿孔 荧光喷码

印刷厂：北京邮票厂

注：特别制作《莫高窟》小型张双连张 1 枚，用于全国集邮协会会员，双连张规格 180mm×245mm，发行量为 133 万枚。

2020-15　天文现象（T）

2020-15　Astronomical Phenomena（T）

2020-06-21　胶版（一图、三图、四图、五图采用局部冷烫工艺，二图采用局部丝网工艺）　13.5×13 度

33mm×40mm

版式一：12 枚（3×4）

版式一规格：125mm×210mm

（5-1）	T	1.20 元	日环食	826.63 万枚
（5-2）	T	1.20 元	月全食	826.63 万枚
（5-3）	T	1.20 元	流星雨	826.63 万枚
（5-4）	T	1.50 元	大彗星	826.63 万枚
（5-5）	T	1.50 元	水星凌日	826.63 万枚

　5 全　　　　　　　　　　　　　　　　6.60 元

设计者：原艺珊

责任编辑：干止戈

防伪方式：防伪纸张 防伪油墨 异形齿孔 荧光喷码

印刷厂：河南省邮电印刷厂

2020-16　故宫博物院（二）（T）

2020-16　The Palace Museum（Ⅱ）（T）

2020-07-11　胶雕套印　13 度

50mm×30mm

整张枚数：12 枚（3×4）

整张规格：180mm×160mm

（4-1）	T	1.20 元	金水桥	878.50 万枚
（4-2）	T	1.20 元	中和殿	878.50 万枚
（4-3）	T	1.50 元	乾清宫	878.50 万枚

（4-4）　T 1.50 元　千秋亭　　　　　　878.50 万枚

　　4 全　　　　　　　　　　　　　　　6.40 元

设计者：阎炳武、冯辉

雕刻者：阎炳武、刘博

责任编辑：干止戈

防伪方式：防伪纸张 防伪油墨 异形齿孔 荧光喷码

印刷厂：北京邮票厂

版式二：8 枚（2 套）

版式二规格：180mm×155mm

版式二边饰设计者：夏竞秋

版式二发行量：109.96 万版

　　1 全　　　　　　　　　　　　　10.80 元

2020-16M　故宫博物院（二）（小型张）（T）
2020-16M　The Palace Museum（Ⅱ）
　　　　　　（Souvenir Sheet）（T）

2020-07-11　影写版　13.5 度

小型张规格：96mm×150mm

邮票规格：66mm×106mm

（1-1）　T 6 元　故宫博物院平面示意图　649.88 万枚

　　1 全　　　　　　　　　　　　　6.00 元

资料提供：故宫博物院

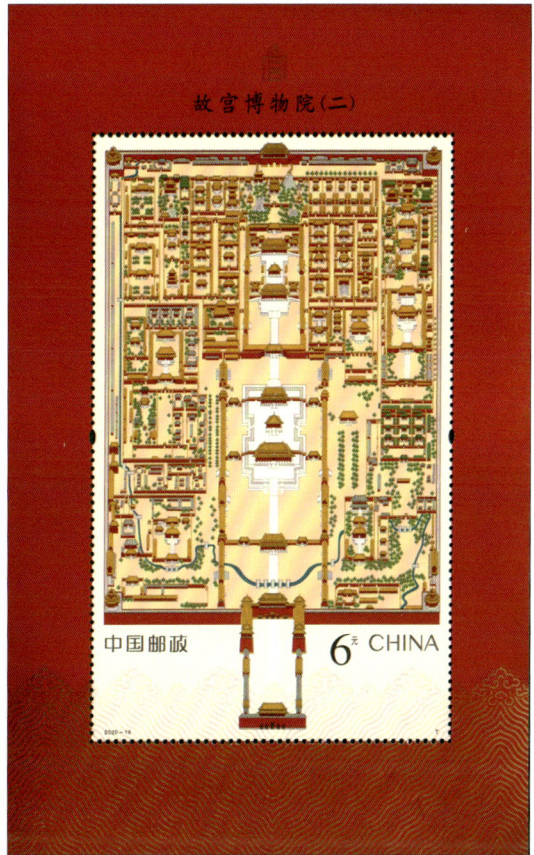

2020-17　新时代的浦东（T）
2020-17　Pudong in the New Era（T）

2020-07-20　胶版（采用局部烫印工艺）

（5-1）（5-2）（5-4）（5-5）13.5 度

（5-3）13×13.5 度

（5-1）（5-2）（5-4）（5-5）　33mm×44mm

（5-3）　50mm×44mm

整张枚数：15 枚（连票，3 套）

整张规格：240mm×170mm

（5-1）　T 1.20 元　中国（上海）自由贸易试验区

　　　　　　　　659.79 万枚

设计者：王虎鸣

责任编辑：干止戈

防伪方式：防伪纸张 防伪油墨 异形齿孔 荧光喷码

印刷厂：北京邮票厂

（5-2）　T 1.20 元　张江科学城　　　659.79 万枚

（5-3）　T 1.20 元　陆家嘴金融城　　659.79 万枚

（5-4）　T 1.20 元　浦江东岸　　　　659.79 万枚

（5-5）　T 1.20 元　洋山港　　　　　659.79 万枚

　　5 全　　　　　　　　　　　　　6.00 元

设计者：韩秉华

责任编辑：干止戈

防伪方式：防伪纸张 防伪油墨 异形齿孔 荧光喷码

印刷厂：河南省邮电印刷厂

2020-18 《华佗》（T）
2020-18 Hua Tuo（T）

2020-08-19　胶版　13×13.5 度

38mm×50mm

版式一：12 枚（4×3）

版式一规格：190mm×200mm

（2-1）　T 1.20 元　发明麻沸散　　778.35 万枚
（2-2）　T 1.20 元　编创五禽戏　　778.35 万枚
　　2 全　　　　　　　　　　　　　　2.40 元

设计者：高云

责任编辑：李可心

防伪方式：防伪纸张 防伪油墨 异形齿孔 荧光喷码

印刷厂：辽宁省沈阳邮电印刷厂

版式二：6 枚（3 套）

版式二规格：150mm×190mm

版式二发行量：94.98 万版

　　2 全　　　　　　　　　　　　　　7.20 元

2020-18M 《华佗》（小型张）（T）
2020-18M Hua Tuo（Souvenir Sheet）（T）

2020-08-19　胶版　13×13.5 度

小型张规格：86mm×125mm

邮票规格：65mm×90mm

（1-1）　T 6 元　华佗像　　629.83 万枚
　　1 全　　　　　　　　　　　　　　6.00 元

设计者：高云

责任编辑：李可心

防伪方式：防伪纸张 防伪油墨 异形齿孔 荧光喷码

印刷厂：辽宁省沈阳邮电印刷厂

2020-19　《共产党宣言》中文全译本出版一百周年（J）

2020-19　100th Anniversary of the Publication of the Chinese Version of The Communist Manifesto（J）

2020-08-22　胶版　13 度

50mm×30mm

整张枚数：12 枚（3×4）

整张规格：200mm×160mm

（1-1）　J　1.20 元　《共产党宣言》中文全译本出版
一百周年　　748.98 万枚

　　1 全　　　　　　　　　　　　　　　1.20 元

资料提供：中国共产党第一次全国代表大会会址纪念馆、
复旦大学、陈振新

设计者：李晨

责任编辑：温文雅

防伪方式：防伪纸张 防伪油墨 异形齿孔 荧光喷码

印刷厂：河南省邮电印刷厂

2020-20　中国现代科学家（八）（J）

2020-20　Scientists of Modern China（Ⅷ）（J）

2020-09-19　胶雕套印　13 度

50mm×30mm

整张枚数：12 枚（3×4）

整张规格：190mm×150mm

（4-1）　J　1.20 元　王大珩　　694.21 万枚

（4-2）　J　1.20 元　黄昆　　694.21 万枚

（4-3）　J　1.20 元　于敏　　694.21 万枚

（4-4）　J　1.20 元　陈景润　　694.21 万枚

　　4 全　　　　　　　　　　　　　　4.80 元

设计者：李晨

雕刻者：白金、刘益民、牛凯、尹海蓉

责任编辑：李金薇

防伪方式：防伪纸张 防伪油墨 异形齿孔 荧光喷码

印刷厂：河南省邮电印刷厂

2020-21　中国首次火星探测"天问一号"发射成功（J）

2020-21　Successful Launch of the Mars Probe on China's First Mars Exploration Mission Tianwen-1（J）

2020-09-26　影写版　13.5 度

33mm×44mm

整张枚数：12 枚（4×3）

整张规格：167mm×190mm

（1-1）　J　1.20 元　中国首次火星探测"天问一号"发射
成功　　778.83 万枚

　　1 全　　　　　　　　　　　　　　1.20 元

资料提供：国家航天局探月与航天工程中心、
国家卫星气象中心、
嫦娥奔月航天科技（北京）有限责任公司

设计者：于雪

责任编辑：干止戈

防伪方式：防伪纸张 防伪油墨 异形齿孔 荧光喷码

印刷厂：北京邮票厂

2020-22　查干湖（T）

2020-22　Chagan Lake（T）

2020-10-18　影写版　13.5×13 度

60mm×30mm

整张枚数：12 枚（3×4）

整张规格：206mm×180mm

（3-1）　T 1.20 元　圣湖如画　　　　734.34 万枚

（3-2）　T 1.20 元　渔村冬景　　　　734.34 万枚

（3-3）　T 1.50 元　冰湖腾鱼　　　　734.34 万枚

　　3 全　　　　　　　　　　　　　　3.90 元

设计者：杨文清

责任编辑：何金梅

防伪方式：防伪纸张 防伪油墨 异形齿孔 荧光喷码

印刷厂：北京邮票厂

2020-23　第七次全国人口普查（J）
2020-23　Seventh National Population Census（J）

2020-11-01　胶版（采用局部压凸工艺）　13.5 度

33mm×44mm

整张枚数：10 枚

整张规格：152mm×200mm

（1-1）　J 1.20 元　第七次全国人口普查　694.45 万枚

　　1 全　　　　　　　　　　　　　1.20 元

资料提供：国务院第七次全国人口普查领导小组办公室

设计者：马立航

责任编辑：杨志英

防伪方式：防伪纸张 防伪油墨 异形齿孔 荧光喷码

印刷厂：辽宁省沈阳邮电印刷厂

2020-24　中国人民志愿军抗美援朝出国作战 70 周年（J）
2020-24　70th Anniversary of the Overseas Combat of the Chinese People's Volunteers for Resisting U.S.Aggression and Aiding Korea（J）

2020-10-25　影写版　13 度

50mm×30mm

整张枚数：12 枚

整张规格：220mm×156mm

（1-1）　J 1.20 元　中国人民志愿军抗美援朝出国作战 70 周年　1049.20 万枚

　　1 全　　　　　　　　　　　　1.20 元

资料提供：抗美援朝纪念馆、沈阳市抗美援朝烈士陵园管理中心

设计者：于雪

责任编辑：何金梅

防伪方式：防伪纸张 防伪油墨 异形齿孔 荧光喷码

印刷厂：北京邮票厂

2020-25　北京 2022 年冬奥会 —— 冰上运动（J）
2020-25　Olympic Winter Games Beijing 2022—Ice Sports（J）

2020-11-07　影写版　13 度

40mm×30mm

版式一：16 枚（4×4）

版式一规格：196mm×160mm

（5-1）　J 1.20 元　短道速滑　866.32 万枚

（5-2）　J 1.20 元　花样滑冰　866.32 万枚

（5-3）　J 1.20 元　速度滑冰　866.32 万枚

（5-4）　J 1.20 元　冰壶　866.32 万枚

（5-5）　J 1.20 元　冰球　866.32 万枚

　　5 全　　　　　　　　　　　　6.00 元

资料提供：北京 2022 年冬奥会和冬残奥会组织委员会

设计者：张强

边饰设计者：张强、陈翊君

责任编辑：何金梅

防伪方式：防伪纸张 防伪油墨 异形齿孔 荧光喷码

印刷厂：北京邮票厂

版式二：10 枚（2 套）

版式二规格：236mm×118mm

版式二发行量：99.98 万版

1 全　　　　　　　　　　　　　　　　12.00 元

2020-26　海外民生工程（T）

2020-26　Greater Efforts to Protect and
Assist Chinese Citizens Abroad（T）

2020-11-12　影写版　13 度

50mm×30mm

整张枚数：12 枚（3×4）

整张规格：180mm×155mm

（3-1）　T 1.20 元　领事便民服务　　　757.73 万枚

（3-2）　T 1.20 元　领事保护日常协助　757.73 万枚

（3-3）　T 1.20 元　祖国在你身后　　　757.73 万枚

3 全　　　　　　　　　　　　　　3.60 元

设计者：方军

责任编辑：李金薇

防伪方式：防伪纸张 防伪油墨 异形齿孔 荧光喷码

印刷厂：北京邮票厂

2020-27　恩格斯诞辰 200 周年（J）

2020-27　Bicentenary of the Birth of Friedrich Engels（J）

2020-11-28　胶版　13.5 度

30mm×50mm

整张枚数：12 枚（3×4）

整张规格：158mm×210mm

（2-1）　J 1.20 元　青年恩格斯　　　　　748.40 万枚

（2-2）　J 1.20 元　工作中的恩格斯　　　748.40 万枚

　　2 全　　　　　　　　　　　　　　　2.40 元

资料提供：人民出版社

设计者：吴为山

责任编辑：温文雅

防伪方式：防伪纸张 防伪油墨 异形齿孔 荧光喷码

印刷厂：河南省邮电印刷厂

2021年

2021-1　辛丑年（T）
2021-1　Xin-Chou Year（T）

2021-01-05　胶雕套印　13 度

36mm×36mm

版式一：16 枚（4×4）

版式一规格：168mm×196mm

| （2-1） | T 1.20 元 | 奋发图强 | 4451.92 万枚 |
| （2-2） | T 1.20 元 | 牛年大吉 | 4271.92 万枚 |

　　2 全　　　　　　　　　　　　　2.40 元

设计者：姚钟华

雕刻者：刘博

责任编辑：李可心

防伪方式：防伪纸张 防伪油墨 异形齿孔 荧光喷码

印刷厂：北京邮票厂

版式二：6 枚

版式二规格：128mm×180mm

版式二发行量：250 万版

　　2 全　　　　　　　　　　　　11.50 元

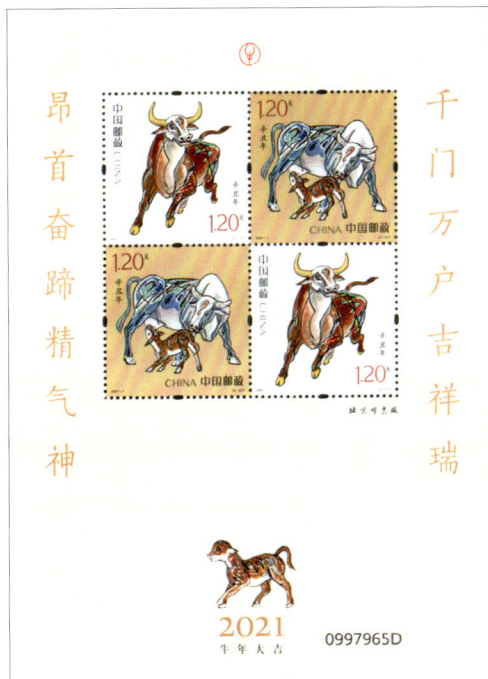

版式三：4 枚（2 套）

版式三规格：120mm×160mm

版式三发行量：526 万版

　　1 全　　　　　　　　　　　　5.20 元

版式三对联作者：常江

注：版式三为 2021 年纪特邮票全额交款预订户赠品。

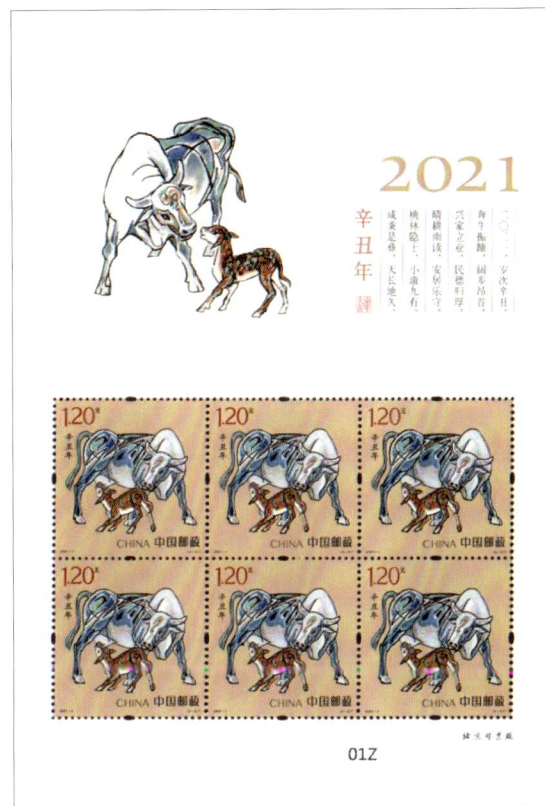

2021-2 《中华人民共和国民法典》施行（J）
2021-2 Implementation of the Civil Code of the People's Republic of China（J）

2021-01-01　胶版（采用局部压凸工艺）　13.5 度

33mm×44mm

整张枚数：12 枚（6×2）

整张规格：220mm×135mm

（1-1）　J 1.20 元　《中华人民共和国民法典》施行

799.47 万枚

　1 全　　　　　　　　　　　　　　　　1.20 元

设计者：邢文伟

责任编辑：温文雅

防伪方式：防伪纸张 防伪油墨 异形齿孔 荧光喷码

印刷厂：辽宁省沈阳邮电印刷厂

2021-3　中国人民警察节（J）
2021-3　Chinese People's Police Day（J）

2021-01-10　影写版　13 度

40mm×30mm

整张枚数：12 枚（3×4）

整张规格：160mm×180mm

（2-1）　J 1.20 元　忠诚使命　　　　799.2 万枚

（2-2）　J 1.20 元　人民至上　　　　799.2 万枚

　2 全　　　　　　　　　　　　　　　　2.40 元

资料提供：公安部新闻宣传局

设计者：沈嘉宏

责任编辑：干止戈

防伪方式：防伪纸张 防伪油墨 异形齿孔 荧光喷码

印刷厂：北京邮票厂

2021-4　五牛图（T）
2021-4　Five Oxen（T）

2021-03-20　胶雕套印　12 度

45mm×40mm（一图）、50mm×40mm（二图）、
28mm×40mm（三图）、39mm×40mm（四图）、
42mm×40mm（五图）

整张枚数：15 枚（3 套，5 枚连票）

整张规格：224mm×160mm

（5-1）　T 1.20 元　五牛图（局部）　719.52 万枚

（5-2）　T 1.20 元　五牛图（局部）　719.52 万枚

（5-3）　T 80 分　　五牛图（局部）　719.52 万枚

（5-4）　T 1.20 元　五牛图（局部）　719.52 万枚

（5-5）　T 1.50 元　五牛图（局部）　719.52 万枚

　5 全　　　　　　　　　　　　　　　　5.90 元

资料提供：故宫博物院

设计者：王虎鸣

雕刻者：刘益民（一图）、白金（二图、三图）、
　　　　李沐梓（四图）、赵川（五图）

责任编辑：李金薇

防伪方式：防伪纸张 防伪油墨 荧光喷码

印刷厂：河南省邮电科技有限公司

2021-4M　五牛图（小型张）（T）
2021-4M　Five Oxen（Souvenir Sheet）（T）

2021-03-20　胶雕套印

小型张规格：220mm×96mm

邮票规格：204mm×35mm

（1-1）T 6 元　五牛图　　　　　　　　629.82 万枚

　　1 全　　　　　　　　　　　　　　　6.00 元

资料提供：故宫博物院

小型张边饰文字提供：李湜

设计者：王虎鸣

责任编辑：李金薇

防伪方式：防伪纸张 防伪油墨 荧光喷码

印刷厂：河南省邮电科技有限公司

BPC-18　五牛图特种邮票本册
BPC-18　Five Oxen Stamp Book

2021-03-20　胶雕套印　12 度

本册规格：230mm×150mm

售价：50 元

发行量：10 万册

资料提供：故宫博物院

设计者：王虎鸣

雕刻者：刘益民（一图）、白金（二图、三图）、
　　　　李沐梓（四图）、赵川（五图）

责任编辑：李金薇

防伪方式：防伪纸张 防伪油墨 荧光喷码

印刷厂：河南省邮电科技有限公司

注：特别制作《五牛图》小型张双连张 1 枚，材质为
　　绢质，用于供应全国集邮联会员。双连张规格为
　　236mm×196mm，发行量为 122 万枚。

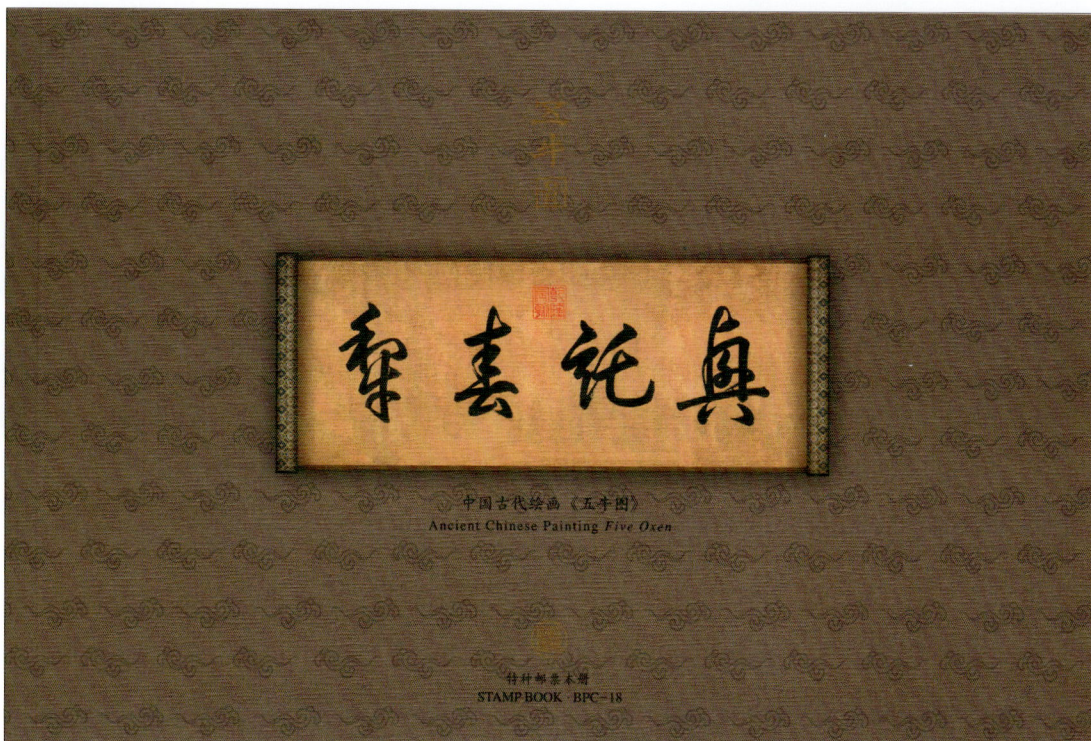

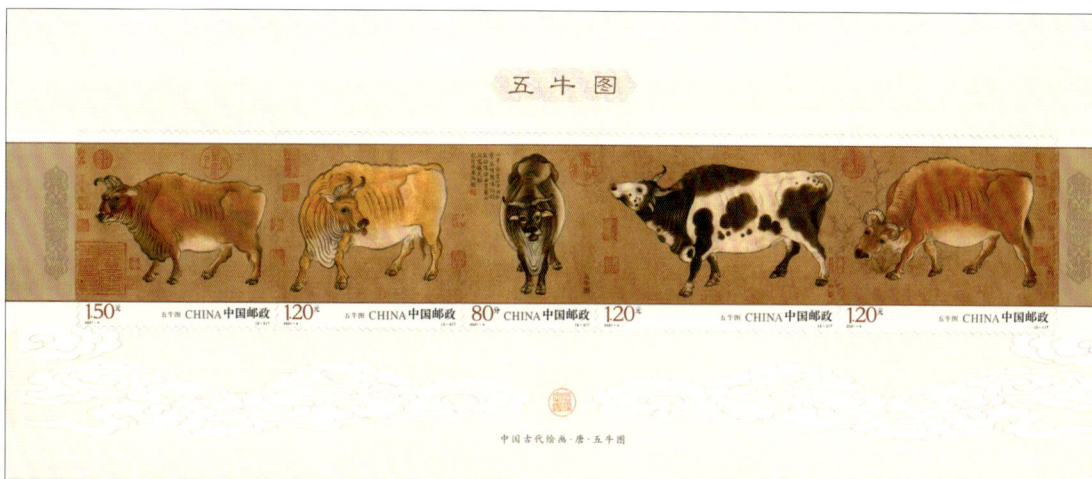

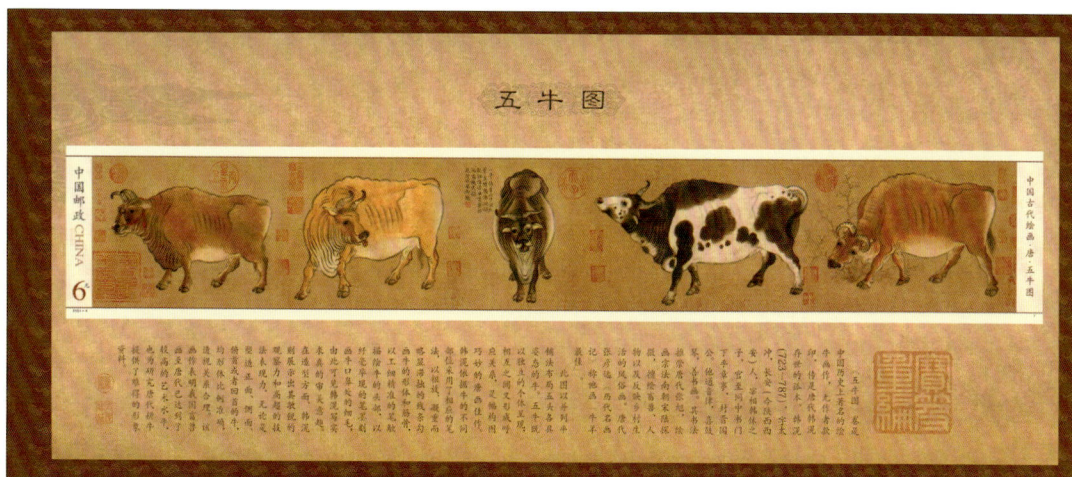

中国古代绘画·唐·五牛图

中国古代绘画·唐·五牛图

中国古代绘画·唐·五牛图

中国古代绘画·唐·五牛图

中国古代绘画·唐·五牛图

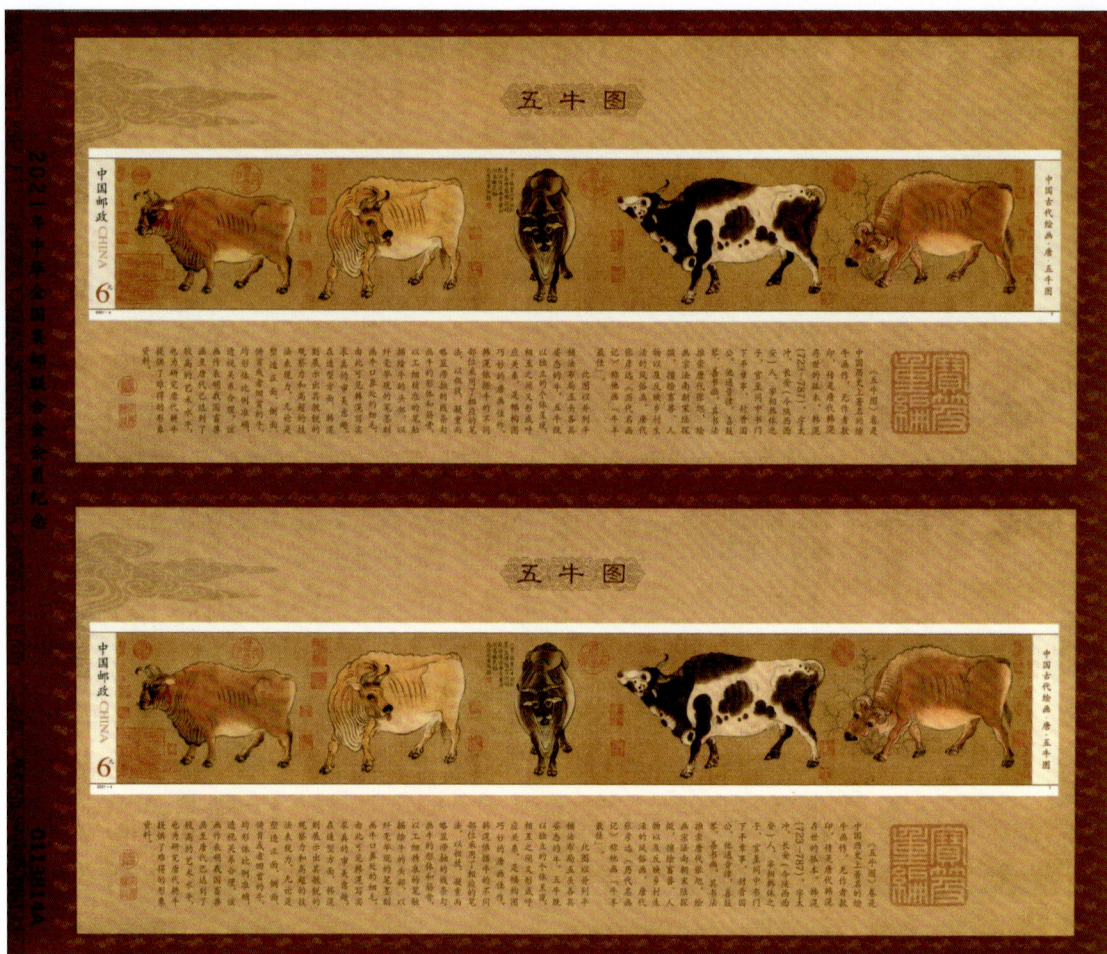

2021-5　厦门大学建校一百周年（J）

2021-5　100th Anniversary of Xiamen University（J）

2021-03-19　胶雕套印　13 度

33mm×33mm（菱形）

整张枚数：12 枚

整张规格：200mm×240mm

（1-1）　J 1.20 元　厦门大学建校一百周年　818.59 万枚

　　1 全　　　　　　　　　　　　　　1.20 元

资料提供：厦门大学

设计者：史渊

雕刻者：刘博

责任编辑：干止戈

防伪方式：防伪纸张　防伪油墨　异形齿孔　荧光喷码

印刷厂：北京邮票厂有限公司

2021-6　中国飞机（三）（T）

2021-6　Chinese Aircraft（3rd Series）（T）

2021-04-17　胶版（采用局部压凸工艺）　13 度

50mm×30mm

版式一：12 枚（4×3）

版式一规格：246mm×165mm

中国飞机（三）

0738299A

（4-1）　T 1.20 元　歼－20 隐身战斗机　　796.97 万枚

（4-2）　T 1.20 元　运－20 大型军用运输机　796.97 万枚

（4-3）　T 1.20 元　直－20 战术通用直升机　796.97 万枚

（4-4）　T 1.20 元　大型水陆两栖飞机（AG600）

　　　　　　　　　　　　　　　　　　796.97 万枚

　　4 全　　　　　　　　　　　　　　4.80 元

资料提供：中国航空工业集团有限公司

摄影者：岳书华

设计者：于雪

责任编辑：干止戈

防伪方式：防伪纸张 防伪油墨 异形齿孔 荧光喷码

印刷厂：北京邮票厂有限公司

版式二：8 枚（2 套）

版式二规格：235mm×130mm

版式二发行量：105 万版

　　1 全　　　　　　　　　　　　　　9.60 元

BPC-19　中国飞机（三）邮票本册

BPC-19　Chinese Aircraft（3rd Series）
Stamp Book

2021-04-17　胶版（采用局部压凸工艺）　13 度

本册规格：200mm×200mm　（异形）

售价：50 元

发行量：10 万本

资料提供：中国航空工业集团有限公司

摄影者：岳书华

设计者：于雪

责任编辑：干止戈

防伪方式：防伪纸张 防伪油墨 异形齿孔 荧光喷码

印刷厂：北京邮票厂有限公司

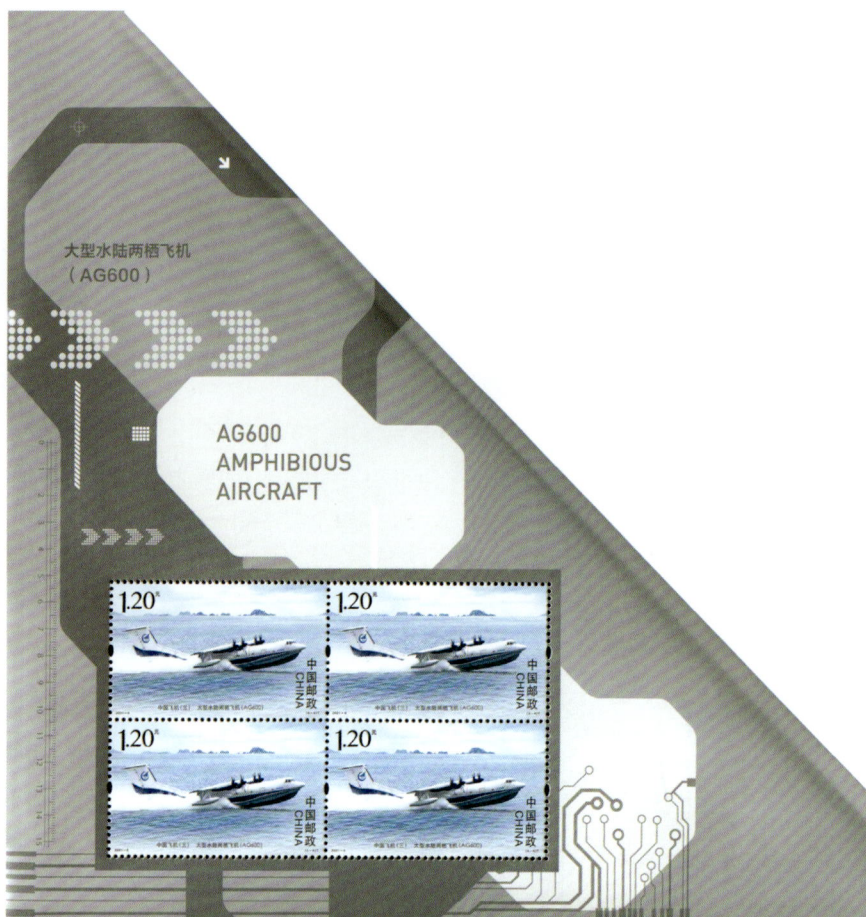

大型水陆两栖飞机（AG600）

AG600 AMPHIBIOUS AIRCRAFT

歼-20 隐身战斗机
运-20 大型军用运输机
直-20 战术通用直升机
大型水陆两栖飞机（AG600）

J-20 STEALTH FIGHTER
Y-20 MILITARY TRANSPORT AIRCRAFT
Z-20 TACTICAL UTILITY HELICOPTER
AG600 AMPHIBIOUS AIRCRAFT

2021-7　中国古典文学名著 ——《西游记》(四)(T)

2021-7　Journey to the West, a Masterpiece in Classical Chinese Literature (4th Series)(T)

2021-04-23　影写版（一图、二图、三图）、影胶套印（四图）　13×13.5 度

38mm×50mm

版式一：16 枚（4×4）

版式一规格：180mm×240mm

(4-1)	T 1.20 元	真假美猴王	886.18 万枚
(4-2)	T 1.20 元	三调芭蕉扇	886.18 万枚
(4-3)	T 1.20 元	小雷音遭厄	886.18 万枚
(4-4)	T 1.20 元	盘丝洞遇劫	886.18 万枚

　　4 全　　　　　　　　　　　　　　　　4.80 元

设计者：李云中

责任编辑：王静

防伪方式：防伪纸张 防伪油墨 异形齿孔 荧光喷码

印刷厂：北京邮票厂有限公司

版式二：8 枚（2 套）

版式二规格：200mm×156mm

版式二发行量：104.98 万版

　　1 全　　　　　　　　　　　　　　　　9.60 元

注：另制作四方连邮票折,成品规格为 114mm×164mm,面值为 19.20 元。设计者为夏竞秋,资料提供者为李云中,发行量为 13 万本。

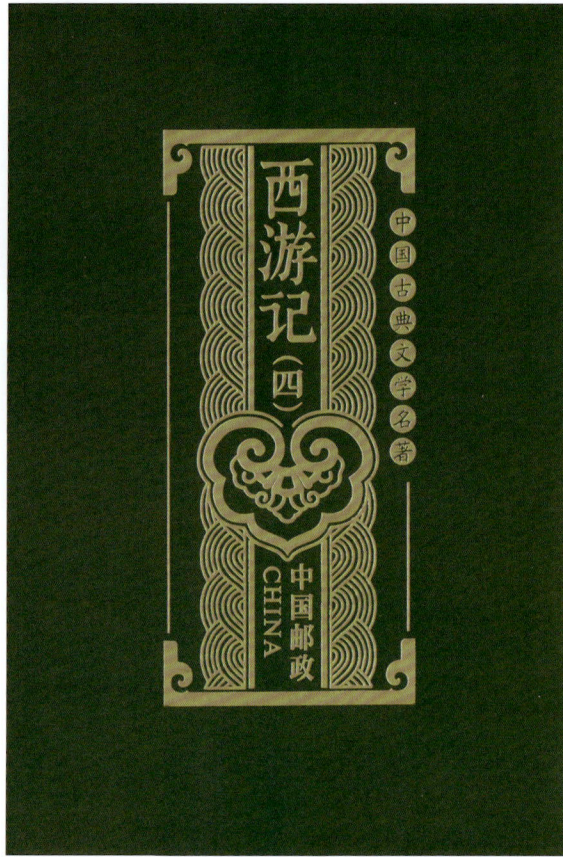

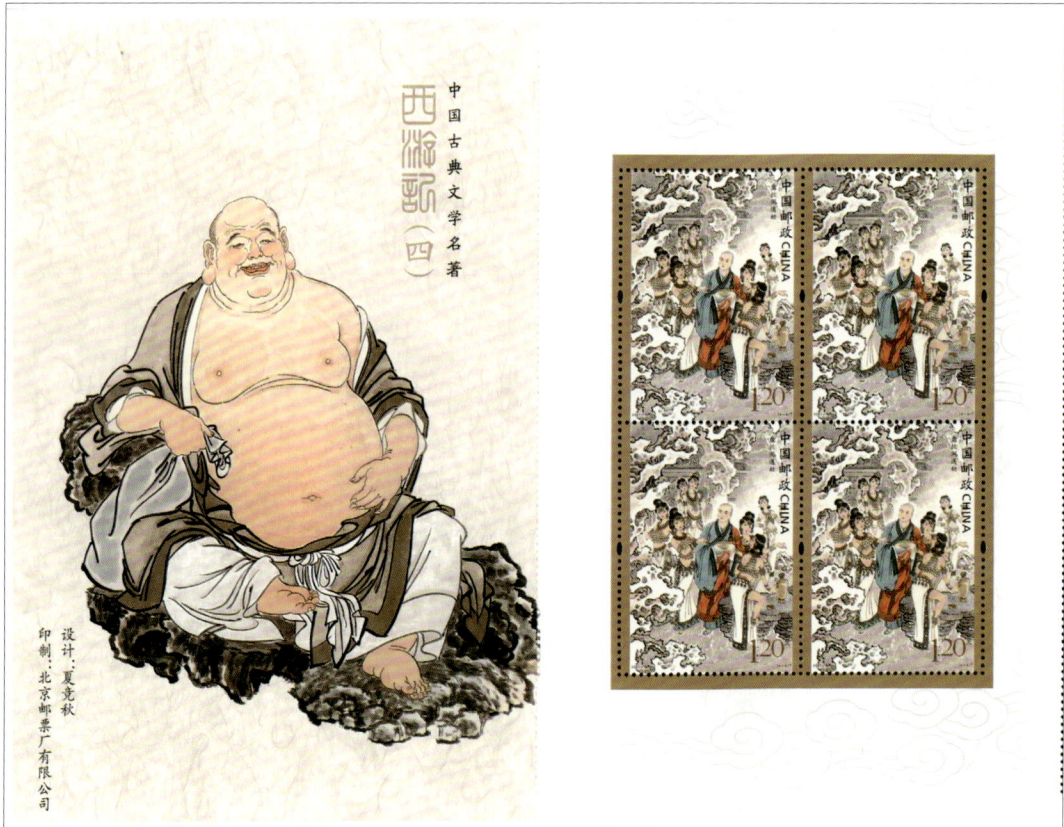

2021-8　福建土楼（T）

2021-8　Fujian Tulou（T）

2021-05-19　胶雕套印　13度

50mm×30mm

版式一：12枚（一图、二图各6枚/张，三图、四图
各6枚/张）

版式一规格：174mm×201mm

（4-1）　T 1.20 元　振成楼　　　　　　708.18 万枚

（4-2）　T 1.20 元　二宜楼　　　　　　708.18 万枚

（4-3）　T 1.20 元　田螺坑土楼群　　　708.18 万枚

（4-4）　T 1.20 元　承启楼　　　　　　708.18 万枚

　4 全　　　　　　　　　　　　　　　　4.80 元

设计者：梁明

雕刻者：郝欧、徐喆

责任编辑：干止戈

防伪方式：防伪纸张 防伪油墨 异形齿孔 荧光喷码

印刷厂：北京邮票厂有限公司

版式二：8 枚（2 套）

版式二规格：132mm×235mm

版式二发行量：94.97 万版

　1 全　　　　　　　　　　　　　　　　9.60 元

2021-9　中巴建交七十周年（J）

2021-9　The 70th Anniversary of China-Pakistan Diplomatic Relations (China-Pakistan Joint Issue)

2021-05-21　胶版　13 度

50mm×33.8mm（异形）

整张枚数：12 枚（3×4）

整张规格：170mm×220mm

（2-1）　J 1.20 元　珠海港　　　　　　707.58 万枚

（2-2）　J 1.20 元　瓜达尔港　　　　　707.58 万枚

　2 全　　　　　　　　　　　　　　　　2.40 元

资料提供：珠海港控股集团有限公司、

　　　　　巴基斯坦邮政

设计者：马立航

摄影者：邹秉宏

责任编辑：李金薇

防伪方式：防伪纸张 防伪油墨 异形齿孔 荧光喷码

印刷厂：辽宁省沈阳邮电印刷有限责任公司

2021-10　儿童画作品选（T）

2021-10　Selected Collection of Children's Paintings（T）

2021-06-01　影写版　13.5 度

30mm×40mm

整张枚数：12 枚（4 套，连印）

整张规格：150mm×196mm

（3-1）　T 80 分　我的中国梦　　696.82 万枚
（3-2）　T 1.20 元　国粹之韵　　696.82 万枚
（3-3）　T 1.20 元　希望与梦想　696.82 万枚
　　3 全　　　　　　　　　　　3.20 元

设计者：杨晓芒（一图）、费玉婷（二图）、
　　　　钱昕逸（三图）

边饰设计者：刘冠丛

责任编辑：闫瑾

防伪方式：防伪纸张 防伪油墨 异形齿孔 荧光喷码

印刷厂：北京邮票厂有限公司

2021-11　丝绸之路文物（二）（T）
2021-11　Cultural Relics along the Silk Road（2nd Series）（T）

2021-06-12　胶版（采用局部压凸工艺，一图采用局部全息烫印工艺）　13.5 度

30mm×40mm

整张枚数：12 枚（3×4）

整张规格：120mm×220mm

（4-1）　T 1.20 元　汉·凸瓣纹银盒　　731.95 万枚
（4-2）　T 1.20 元　唐·长沙窑青釉褐斑模印贴花椰枣纹执壶　731.95 万枚
（4-3）　T 1.20 元　五代十国·波斯孔雀蓝釉陶瓶　731.95 万枚
（4-4）　T 1.20 元　宋·龙泉窑青釉菊瓣纹盘　731.95 万枚
　　4 全　　　　　　　　　　4.80 元

资料提供：西汉南越王博物馆、
　　　　　长沙铜官窑遗址管理处、
　　　　　福建博物院、
　　　　　中国国家博物馆、
　　　　　福建省泉州海外交通史博物馆

设计者：刘冠丛

责任编辑：王静

防伪方式：防伪纸张 防伪油墨 异形齿孔 荧光喷码

印刷厂：河南省邮电科技有限公司

2021-12　北京 2022 年冬奥会 —— 竞赛场馆（J）
2021-12　Olympic Winter Games Beijing 2022 — Competition Venues（J）

2021-06-23　胶雕套印　13 度

50mm×30mm

版式一：9 枚

版式一规格：220mm×150mm

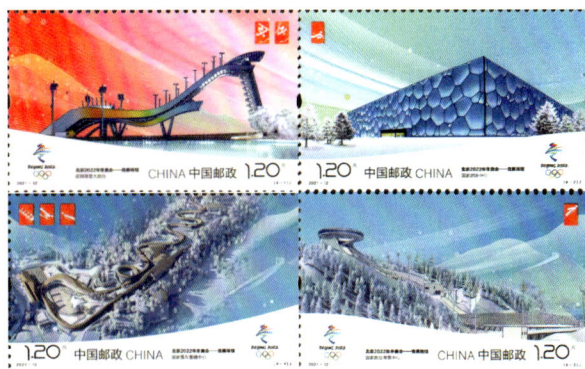

（4-1）　J 1.20 元　首钢滑雪大跳台　748.27 万枚
（4-2）　J 1.20 元　国家游泳中心　　748.27 万枚
（4-3）　J 1.20 元　国家跳台滑雪中心　748.27 万枚
（4-4）　J 1.20 元　国家雪车雪橇中心　748.27 万枚
　　4 全　　　　　　　　　　4.80 元

资料提供：北京 2022 年冬奥会和冬残奥会组织委员会

设计者：郭志义

雕刻者：原艺珊、刘博

责任编辑：温文雅

防伪方式：防伪纸张 防伪油墨 异形齿孔 荧光喷码

印刷厂：北京邮票厂有限公司

版式二：8枚（2套）

版式二规格：220mm×110mm

版式二发行量：99.97万枚

　1全　　　　　　　　　　　　　9.60元

2021-12M　北京 2022 年冬奥会 —— 竞赛场馆（小型张）（J）

2021-12M　Olympic Winter Games Beijing 2022 — Competition Venues（Souvenir Sheet）（J）

2021-06-23　胶雕套印（小型张采用局部微纳透镜烫印工艺）　13.5度

小型张规格：140mm×84mm

邮票规格：长轴 111mm 、短轴 62mm（椭圆形）

（1-1）　J 6 元　国家速滑馆　　　　629.55 万枚

　1全　　　　　　　　　　　　　6.00 元

资料提供：北京 2022 年冬奥会和冬残奥会组织委员会

设计者：代依莎、郭志义

边饰设计者：郭志义、代依莎

雕刻者：原艺珊、刘博

责任编辑：温文雅

防伪方式：防伪纸张 防伪油墨 异形齿孔 荧光喷码

印刷厂：河南省邮电科技有限公司

注：特别制作《北京 2022 年冬奥会 —— 竞赛场馆》小型张四连张 1 版，面值为 24 元，整张规格为 310mm×198mm，发行量为 20.22 万版。

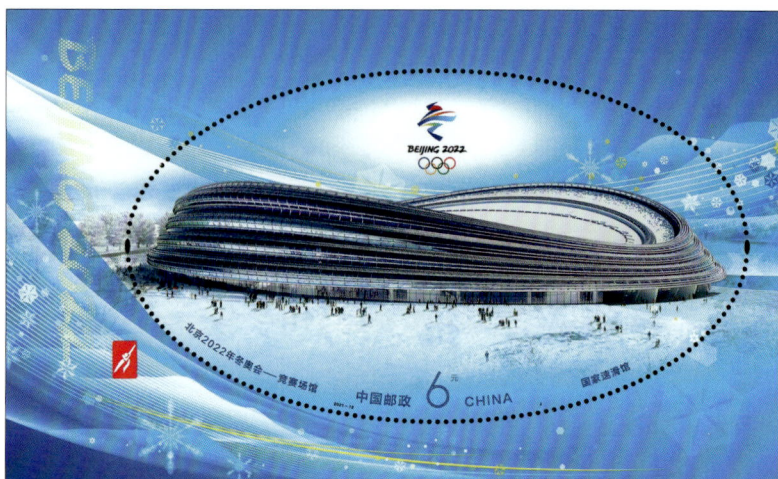

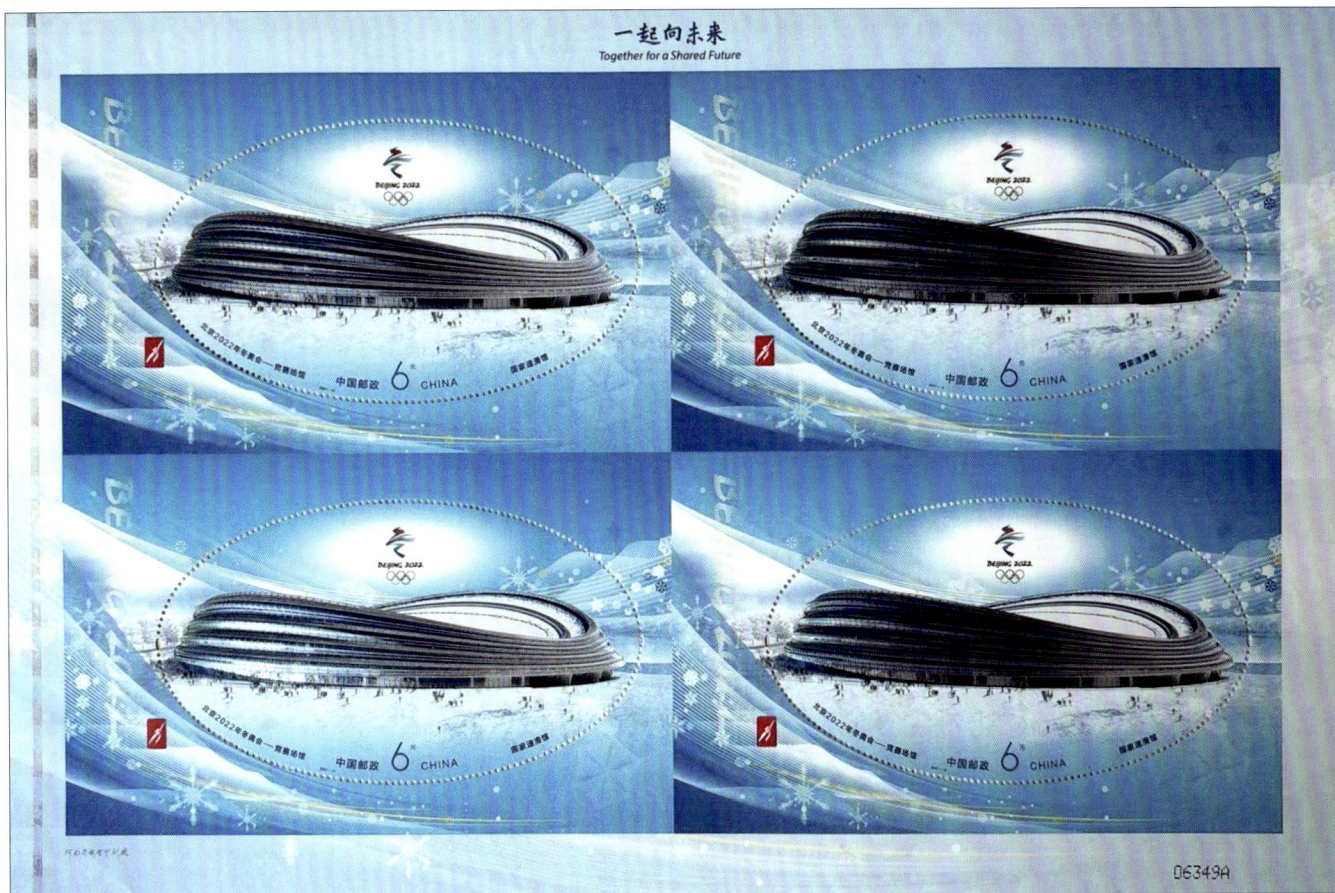

2021-13 中国共产党历史展览馆（T）
2021-13 Museum of the Communist Party of China（T）

2021-06-20 胶版 13.5×13 度

60mm×30mm

整张枚数：9 枚（3×3）

附票规格：60mm×15mm

整张规格：210mm×220mm

资料提供：中国共产党历史展览馆

设计者：于雪

责任编辑：干止戈

防伪方式：防伪纸张 防伪油墨 异形齿孔 荧光喷码

印刷厂：河南省邮电科技有限公司

2021-14 第三十二届奥林匹克运动会（J）
2021-14 Games of the XXXII Olympiad（J）

2021-07-23 胶版 13 度

40mm×30mm

整张枚数：12 枚（6 套，连印）

整张规格：150mm×160mm

（1-1） T 1.20 元 中国共产党历史展览馆 819.02 万枚

1 全 1.20 元

（2-1）　J 1.20 元　乒乓球混合双打　　　658.70 万枚

（2-2）　J 1.20 元　男子举重　　　　　　658.70 万枚

　　　2 全　　　　　　　　　　　　　　　2.40 元

设计者：张强、胡曦

责任编辑：王傃薇

防伪方式：防伪纸张 防伪油墨 异形齿孔 荧光喷码

印刷厂：河南省邮电科技有限公司

2021-15　西藏和平解放 70 周年（J）
2021-15　70th Anniversary of the Peaceful Liberation of Tibet（J）

2021-08-19　影写版　13 度

40mm×30mm

整张枚数：10 枚（2×5）

整张规格：110mm×184mm

（1-1）　J 1.20 元 西藏和平解放 70 周年　699.33 万枚

　　　1 全　　　　　　　　　　　　　　　1.20 元

设计者：容铁、沈嘉宏

责任编辑：王傃薇

防伪方式：防伪纸张 防伪油墨 异形齿孔 荧光喷码

印刷厂：北京邮票厂有限公司

2021-16　中国共产党成立 100 周年（J）
2021-16　The 100th Anniversary of the Founding of the Communist Party of China（J）

2021-07-01　影写版　13 度

50mm×36mm

整张枚数：20 枚（1 套）

整张规格：220mm×238mm

（20-1）　J 1.20 元　开天辟地　　　1498.43 万枚

（20-2）　J 1.20 元　峥嵘岁月　　　1498.43 万枚

（20-3）　J 1.20 元　中流砥柱　　　1498.43 万枚

（20-4）　J 1.20 元　伟大胜利　　　1498.43 万枚

（20-5）　J 1.20 元　开国大典　　　1498.43 万枚

（20-6）　J 1.20 元　抗美援朝　　　1498.43 万枚

（20-7）　J 1.20 元　制度奠基　　　1498.43 万枚

（20-8）　J 1.20 元　自力更生　　　1498.43 万枚

（20-9）　J 1.20 元　改革春潮　　　1498.43 万枚

（20-10）　J 1.20 元　对外开放　　　1498.43 万枚

（20-11）　J 1.20 元　世纪腾飞　　　1498.43 万枚

（20-12）　J 1.20 元　科学发展　　　1498.43 万枚

（20-13）　J 1.20 元　摆脱贫困　　　1498.43 万枚

（20-14）　J 1.20 元　全面小康　　　1498.43 万枚

（20-15）　J 1.20 元　强军兴军　　　1498.43 万枚

（20-16）　J 1.20 元　扬帆远航　　　1498.43 万枚

（20-17）　J 1.20 元　信仰　　　　　1498.43 万枚

（20-18）　J 1.20 元　伟业　　　　　1498.43 万枚

（20-19）　J 1.20 元　攻坚　　　　　1498.43 万枚

（20-20）　J 1.20 元　追梦　　　　　1498.43 万枚

　　　20 全　　　　　　　　　　　　　24.00 元

设计者：郝军

版式设计：郝军

责任编辑：李金薇、李可心

防伪方式：防伪纸张 防伪油墨 异形齿孔 荧光喷码

印刷厂：北京邮票厂有限公司

注：特别制作《中国共产党成立 100 周年》长卷邮票折，面值为 24 元，长卷邮票规格为 1020mm×80mm（5 折页），邮票折设计者为郝军，发行量为 100 万本。

中国共产党成立100周年

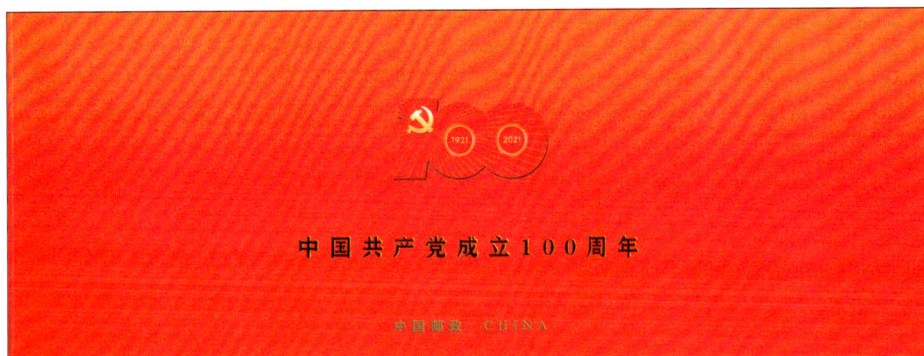

2021-17　动画 ——《哪吒闹海》（T）

2021-17　Animation — Prince Nezha's Triumph Against Dragon King（T）

2021-08-28　影写版　13度

50mm×30mm

整张枚数：12枚（一图、二图各6枚/张，三图、四图各6枚/张，五图、六图各6枚/张）

整张规格：220mm×160mm

（6-1）	T 80分	哪吒出世	688.49 万枚
（6-2）	T 80分	童年游趣	688.49 万枚
（6-3）	T 1.20元	擒拿敖丙	688.49 万枚
（6-4）	T 1.20元	斗战龙王	688.49 万枚
（6-5）	T 1.20元	哪吒重生	688.49 万枚
（6-6）	T 1.20元	定海安民	688.49 万枚

6 全　　　　　　　　　　　　　　　　6.40 元

资料提供：上海美术电影制片厂有限公司

设计者：尚盈

责任编辑：闫瑾

防伪方式：防伪纸张 防伪油墨 异形齿孔 荧光喷码

印刷厂：北京邮票厂有限公司

2021-18　木芙蓉（T）

2021-18　Cotton Rose（T）

2021-09-07　胶雕套印　13度

40mm×30mm

版式一：16枚（一图、二图各8枚/张，三图、四图各8枚/张）

版式一规格：220mm×160mm

（4-1）	T 1.20元	木芙蓉	687.81 万枚
（4-2）	T 1.20元	金秋红	687.81 万枚
（4-3）	T 1.20元	重瓣白	687.81 万枚
（4-4）	T 1.20元	醉芙蓉	687.81 万枚

4 全　　　　　　　　　　　　　　　　4.80 元

设计者：张桂徵

边饰设计者：夏竞秋

边饰原画作者：张桂徵

雕刻者：尹晓飞、李昊、杨志英、徐喆

责任编辑：温文雅

防伪方式：防伪纸张 防伪油墨 异形齿孔 荧光喷码

印刷厂：北京邮票厂有限公司

版式二：8枚（2套）

版式二规格：140mm×154mm

版式二发行量：89.98 万版

1 全　　　　　　　　　　　　　　　　9.60 元

2021-19　中华人民共和国第十四届运动会（J）

2021-19　The 14th Games of the People's Republic of China（J）

2021-09-15　胶版　13 度

底边 50mm，斜边 27mm，高 25mm（平行四边形）

整张枚数：12 枚（6 套，连印）

整张规格：158mm×222mm

（2-1）　J 1.20 元　射击　　　　　　　658.58 万枚

（2-2）　J 1.20 元　赛艇　　　　　　　658.58 万枚

　2 全　　　　　　　　　　　　　　　　2.40 元

资料提供：中华人民共和国第十四届运动会组织委员会

2021-20M　江山如此多娇（小型张）（T）

2021-20M　The Land So Rich in Beauty（Souvenir Sheet）（T）

2021-09-25　胶雕套印　13×13.5 度

小型张规格：156mm×106mm

邮票规格：128mm×80mm

（1-1）　T 6 元　江山如此多娇　　　　599.82 万枚

设计者：郭振山、边疆、许新语

责任编辑：闫瑾

防伪方式：防伪纸张 防伪油墨 异形齿孔 荧光喷码

印刷厂：辽宁省沈阳邮电印刷有限责任公司

2021-19M　中华人民共和国第十四届运动会（小全张）（J）

2021-19M　The 14th Games of the People's Republic of China（Miniature Sheet）（J）

2021-09-15　胶版　13 度

小全张规格：150mm×75mm

2.40 元　中华人民共和国第十四届运动会　589.47 万枚

售价：3.60 元

　1 全　　　　　　　　　　　　　　　　3.60 元

资料提供：中华人民共和国第十四届运动会组织委员会

设计者：郭振山、边疆、许新语

责任编辑：闫瑾

防伪方式：防伪纸张 防伪油墨 异形齿孔 荧光喷码

印刷厂：辽宁省沈阳邮电印刷有限责任公司

　1 全　　　　　　　　　　　　　　　　6.00 元

原作品作者：傅抱石、关山月

设计者：王虎鸣

雕刻者：李沐梓

责任编辑：王静

防伪方式：防伪纸张 防伪油墨 异形齿孔 荧光喷码

印刷厂：河南省邮电科技有限公司

2021-21　山东大学建校一百二十周年（J）

2021-21　120th Anniversary of Shandong University（J）

2021-10-15　胶雕套印　底边 13 度　斜边 13.5 度

边长 40mm（菱形）

整张枚数：10 枚

整张规格：220mm×164mm

（1-1）　J 1.20 元　山东大学建校一百二十周年

　　　　　　　　　　　　　　　　　778.74 万枚

　1 全　　　　　　　　　　　　　　　　1.20 元

资料提供：山东大学、刘乐一

设计者：于秋艳

责任编辑：温文雅

防伪方式：防伪纸张 防伪油墨 异形齿孔 荧光喷码

印刷厂：北京邮票厂有限公司

2021-22　豫剧（T）

2021-22　Henan Opera（T）

2021-10-18　胶版　13.5 度

30mm×40mm

整张枚数：16 枚（4×4）

整张规格：170mm×220mm

（3-1）　T 1.20 元　花木兰　　　　748.45 万枚

（3-2）　T 1.20 元　七品芝麻官　748.45 万枚

（3-3）　T 1.20 元　朝阳沟　　　　748.45 万枚

　　　3 全　　　　　　　　　　　　　3.60 元

设计者：王亚平、刘钊、张帆

边饰设计者：张帆

责任编辑：何金梅

防伪方式：防伪纸张 防伪油墨 异形齿孔 荧光喷码

印刷厂：河南省邮电科技有限公司

2021-23　《生物多样性公约》第十五次缔约方大会（J）

2021-23　15th Meeting of the Conference of the Parties to the Convention on Biological Diversity（J）

2021-10-11　胶雕套印　12.5 度

27mm×39mm　（异形）

整张枚数：10 枚（5×2）

整张规格：191mm×120mm

（1-1）　J 1.20 元　《生物多样性公约》第十五次缔约方
大会　　698.82 万枚

　　1 全　　1.20 元

资料提供：《生物多样性公约》第十五次缔约方大会
筹备工作执行委员会办公室

设计者：夏竞秋

责任编辑：李金薇

防伪方式：防伪纸张 防伪油墨 荧光喷码

印刷厂：北京邮票厂有限公司

2021-24　交通可持续发展（T）
2021-24　Sustainable Development of Transport（T）

2021-10-15　影写版　13.5×13 度

60mm×30mm

整张枚数：12 枚（一图、二图各 6 枚 / 张，三图、四图
各 6 枚 / 张）

整张规格：206mm×152mm

（4-1）　T 1.20 元　综合交通　　648.22 万枚

（4-2）　T 1.20 元　交通扶贫　　648.22 万枚

（4-3）　T 1.20 元　绿色发展　　648.22 万枚

（4-4）　T 1.20 元　开放合作　　648.22 万枚

　　4 全　　4.80 元

设计者：宋鉴

责任编辑：李可心

防伪方式：防伪纸张 防伪油墨 异形齿孔 荧光喷码

印刷厂：北京邮票厂有限公司

2021-25　辛亥革命 110 周年（J）
2021-25　110th Anniversary of the Revolution of 1911（J）

2021-10-10　影写版　13×13.5 度

50mm×38mm

整张枚数：12 枚（3×4）

整张规格：190mm×202mm

（1-1）　J 1.20 元　辛亥革命 110 周年　　669.52 万枚

　　1 全　　1.20 元

设计者：冯远

责任编辑：王静

防伪方式：防伪纸张 防伪油墨 异形齿孔 荧光喷码

印刷厂：北京邮票厂有限公司

2021-26　中华人民共和国恢复联合国合法席位 50 周年（J）
2021-26　The 50th Anniversary of the Restoration of the Lawful Seat of the People's Republic of China in the United Nations（J）

2021-10-25　影写版　13 度

50mm×36mm

整张枚数：12 枚（3×4）

整张规格：190mm×194mm

（1-1）　J 1.20 元　中华人民共和国恢复联合国合法席位
　　　　　　　　　　50 周年　　　　　　698.82 万枚

　　1 全　　　　　　　　　　　　　　　1.20 元

资料提供：外交部国际司

设计者：郭志义

责任编辑：干止戈

防伪方式：防伪纸张 防伪油墨 异形齿孔 荧光喷码

印刷厂：北京邮票厂有限公司

2021-27　科技创新（三）（J）
2021-27　Innovation in Science and
　　　　　Technology（3rd Series）（J）

2021-11-24　胶版（二至五图采用局部烫印工艺）　13 度

40mm×30mm

整张枚数：12 枚（3×4）

整张规格：160mm×170mm

（5-1）　J 1.20 元　嫦娥五号　　　　698.07 万枚

（5-2）　J 1.20 元　"奋斗者"号全海深载人潜水器
　　　　　　　　　　　　　　　　　698.07 万枚

（5-3）　J 1.20 元　揭示蝗虫聚群成灾的奥秘
　　　　　　　　　　　　　　　　　698.07 万枚

（5-4）　J 1.50 元　华龙一号　　　　698.07 万枚

（5-5）　J 1.50 元　古 DNA 揭秘中国史前人群迁徙动态
　　　　　　　　　　与族群源流　　　698.07 万枚

　　5 全　　　　　　　　　　　　　　6.60 元

设计者：杜钰凯

责任编辑：温文雅

防伪方式：防伪纸张 防伪油墨 异形齿孔 荧光喷码

印刷厂：河南省邮电科技有限公司

2021-28　国家重点保护野生动物（Ⅰ级）（三）（T）
2021-28　Wild Animals under First-Class
　　　　　State Protection（3rd Series）（T）

2021-12-03　胶雕套印　13.5×13 度

30mm×40mm

整张枚数：8 枚（1 套）

整张规格：150mm×190mm

（8-1）　T 80 分　　斑尾榛鸡　　　618.85 万枚

（8-2）　T 80 分　　黄胸鹀　　　　618.85 万枚

（8-3）　T 1.20 元　绿孔雀　　　　618.85 万枚

（8-4）　T 1.20 元　中华穿山甲　　618.85 万枚

（8-5）　T 1.20 元　海南长臂猿　　618.85 万枚

（8-6）　T 1.20 元　鳄蜥　　　　　618.85 万枚

（8-7）　T 1.20 元　中华白海豚　　618.85 万枚

（8-8）　T 1.50 元　绿海龟　　　　618.85 万枚

　　8 全　　　　　　　　　　　　　9.10 元

设计者：曾孝濂

雕刻者：刘明慧、于雪、董琪、刘博、杨志英、李昊、
　　　　原艺珊、郝欧

责任编辑：王慝蔼

防伪方式：防伪纸张 防伪油墨 异形齿孔 荧光喷码

印刷厂：北京邮票厂有限公司

国家重点保护野生动物（Ⅰ级）（三）

0623965D

2021-29　中伊建交 50 周年（与伊朗联合发行）（J）

2021-29　The 50th Anniversary of China-Iran Diplomatic Relations (China-Iran Joint Issue)（J）

2021-12-11　影写版　13.5 度

55mm×26mm

整张枚数：10 枚

整张规格：205mm×160mm

（2-1）　J 1.20 元　广济桥　　　　　　678.61 万枚

（2-2）　J 1.20 元　郝居桥　　　　　　678.61 万枚

　　2 全　　　　　　　　　　　　　　2.40 元

设计者：于雪

责任编辑：干止戈

防伪方式：防伪纸张 防伪油墨 异形齿孔 荧光喷码

印刷厂：北京邮票厂有限公司

2022 年

2022-1　壬寅年（T）
2022-1　Ren-Yin Year（T）

2022-01-05　胶雕套印　13 度

36mm×36mm

版式一：16 枚（4×4）

版式一规格：168mm×196mm

（2-1）　T 1.20 元　国运昌隆　　　　4030.51 万枚
（2-2）　T 1.20 元　虎蕴吉祥　　　　3870.51 万枚

　　2 全　　　　　　　　　　　　　　2.40 元

防伪方式：防伪纸张 防伪油墨 异形齿孔 荧光喷码

设计者：冯大中

雕刻者：原艺珊、刘明慧

责任编辑：王静

印刷厂：北京邮票厂有限公司

版式二：6 枚

版式二规格：128mm×180mm

版式二发行量：230 万版

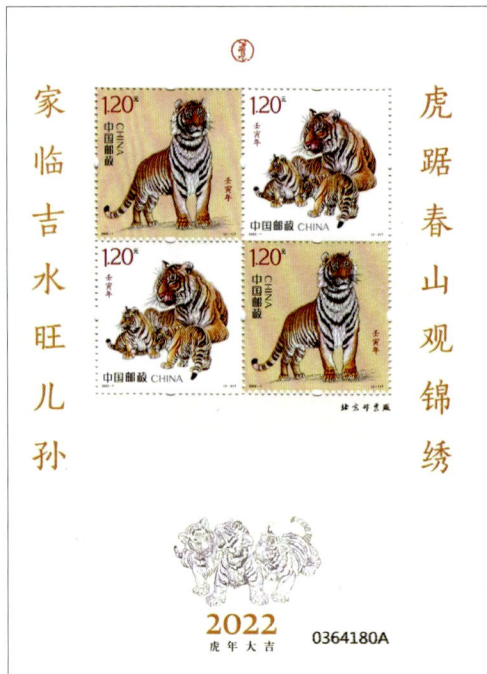

　　2 全　　　　　　　　　　　　　　14.40 元

版式三：4 枚（2 套）

版式三规格：120mm×160mm

版式三发行量：510 万版

　　1 全　　　　　　　　　　　　　　4.80 元

版式三对联作者：常江

注：版式三为 2022 年纪特邮票全额交款预订户赠品。

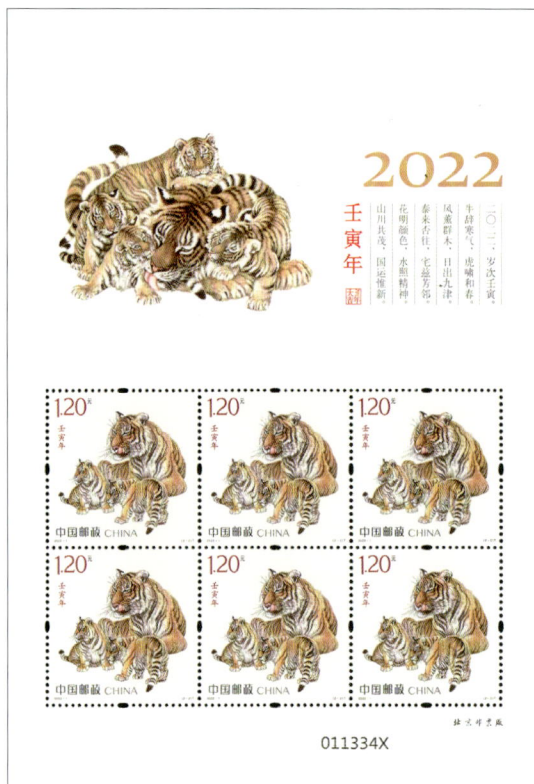

2022-2 《区域全面经济伙伴关系协定》生效（J）

2022-2 Regional Comprehensive Economic Partnership Entering into Force（J）

2022-01-01　影写版　13 度

50mm×30mm

整张枚数：10 枚

整张规格：224mm×144mm

（1-1）　J 1.20 元　《区域全面经济伙伴关系协定》生效

679 万枚

　　1 全　　　　　　　　　　　　　　　　　　1.20 元

设计者：于秋艳

责任编辑：闫瑾

防伪方式：防伪纸张 防伪油墨 异形齿孔 荧光喷码

印刷厂：北京邮票厂有限公司

2022-3　中国古典文学名著 ——《红楼梦》（五）（T）

2022-3　Dream of the Red Chamber，a Masterpiece in Classical Chinese Literature（5th Series）（T）

2022-04-23　影写版　13 度

40mm×54mm

版式一：16 枚（4×4）

版式一规格：190mm×246mm

（4-1）　T 1.20 元　黛玉焚稿　　　　　　856 万枚

（4-2）　T 1.20 元　金玉联姻　　　　　　856 万枚

（4-3）　T 1.20 元　探春远嫁　　　　　　856 万枚

（4-4）　T 1.50 元　宝玉却尘　　　　　　856 万枚

　　4 全　　　　　　　　　　　　　　　　　　5.10 元

设计者：萧玉田

责任编辑：王静

防伪方式：防伪纸张 防伪油墨 异形齿孔 荧光喷码

印刷厂：北京邮票厂有限公司

版式二：8 枚（2 套）

版式二规格：216mm×144mm

版式二发行量：99.97 万版

　　1 全　　　　　　　　　　　　　　　　　　10.20 元

版式二边饰设计者：萧玉田、夏竞秋

2022-3M　中国古典文学名著 ——《红楼梦》（五）（小型张）（T）

2022-3M　Dream of the Red Chamber, a Masterpiece in Classical Chinese Literature（5th Series）（Souvenir Sheet）（T）

2022-04-23　影写版　13×13.5 度

小型张规格：138mm×93mm

邮票规格：56mm×77mm

（1-1）T 6 元　寒塘鹤影　　　　　597.58 万枚

1 全　　　　　　　　　　　　　　6.00 元

设计者：萧玉田

责任编辑：王静

防伪方式：防伪纸张 防伪油墨 异形齿孔 荧光喷码

印刷厂：北京邮票厂有限公司

注：特别制作《中国古典文学名著 ——〈红楼梦〉》（五）小型张双连张 1 枚，用于供应全国集邮联会员。双连张规格为 180mm×232mm，发行量为 115 万枚。另制作全张邮票折。成品规格为 202mm×93mm，面值为 55.50 元。全张邮票折的设计者为夏竞秋，原画作者为萧玉田，发行量为 11.5 万本。

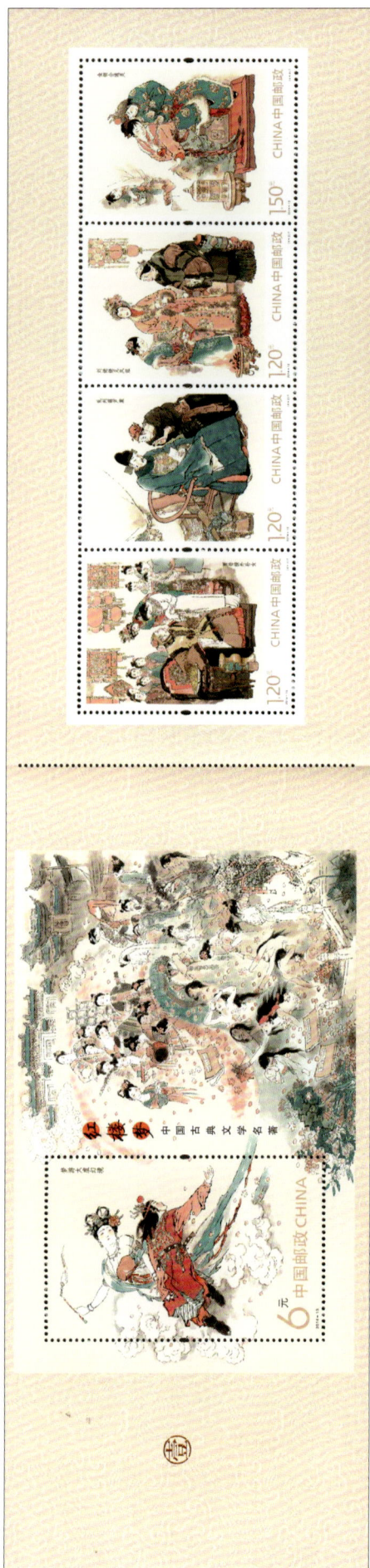

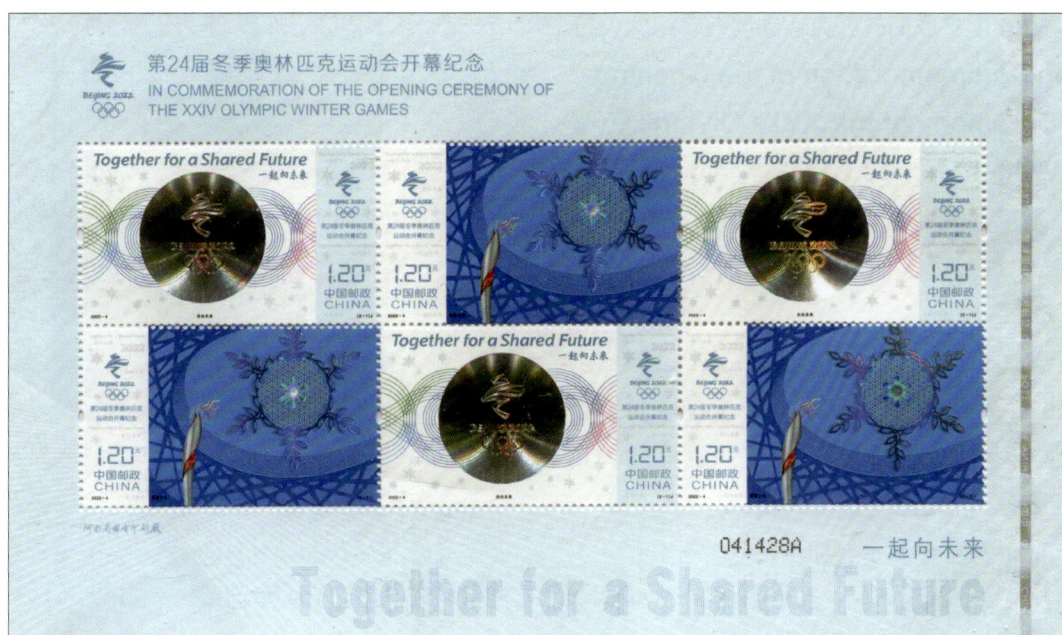

2022-5　中墨建交五十周年（与墨西哥联合发行）（J）

2022-5　The 50th Anniversary of China-Mexico Diplomatic Relations (China-Mexico Joint Issue)（J）

2022-02-14　影写版　13×13.5 度

44mm×33mm

整张枚数：10 枚

整张规格：200mm×156mm

（2-1）	J 1.20 元	观星台	668.31 万枚
（2-2）	J 1.20 元	库库尔坎金字塔	668.31 万枚
	2 全		2.40 元

设计者：马立航

责任编辑：王傃薇

防伪方式：防伪纸张 防伪油墨 异形齿孔 荧光喷码

印刷厂：北京邮票厂有限公司

2022-6　世界自然遗产 —— 中国南方喀斯特（T）

2022-6　Natural World Heritage: South China Karst（T）

2022-04-28　影写版　13 度

50mm×30mm

版式一：14 枚（2 套）

版式一规格：134mm×234mm

（7-1）	T 1.20 元	石林喀斯特	587.91 万枚
（7-2）	T 1.20 元	荔波喀斯特	587.91 万枚
（7-3）	T 1.20 元	武隆喀斯特	587.91 万枚
（7-4）	T 1.20 元	桂林喀斯特	587.91 万枚
（7-5）	T 1.20 元	施秉喀斯特	587.91 万枚
（7-6）	T 1.20 元	金佛山喀斯特	587.91 万枚
（7-7）	T 1.20 元	环江喀斯特	587.91 万枚

7 全　　　　　　　　　　　　　　　　　8.40 元

设计者 ：杨文清

责任编辑 ：干止戈

防伪方式 ：防伪纸张 防伪油墨 异形齿孔 荧光喷码

印刷厂 ：北京邮票厂有限公司

版式二 ：4 枚

版式二规格 ：130mm×100mm

版式二发行量 ：94.96 万版（一图）

95.46 万版（二图）

96.96 万版（三图）

93.96 万版（四图）

95.46 万版（五图）

96.96 万版（六图）

93.96 万版（七图）

7 全　　　　　　　　　　　　　　　　33.60 元

2022-7　中国共产主义青年团成立一百周年（J）

2022-7　100th Anniversary of the Founding of the Communist Youth League of China（J）

2022-05-05　胶雕套印　13 度

40mm×30mm

整张枚数：12 枚（6 套，2 枚连印）

整张规格：190mm×120mm

（2-1）　J 80 分	永远跟党走	728.60 万枚
（2-2）　J 1.20 元	请党放心 强国有我	728.60 万枚
2 全		2.00 元

设计者：常沙娜、张磊

责任编辑：王傳薇

防伪方式：防伪纸张 防伪油墨 异形齿孔 荧光喷码

印刷厂：河南省邮电科技有限公司

2022-8　姑苏繁华图（T）

2022-8　Panoramic View of the Prosperous Suzhou City（T）

2022-05-18　胶版　13 度

80mm×30mm

整张枚数：12 枚（一图、二图各 6 枚 / 张，三图、四图各 6 枚 / 张，五图、六图各 6 枚 / 张）

整张规格：190mm×235mm

（6-1）　T 80 分	《姑苏繁华图》	（局部）	725.86 万枚
（6-2）　T 1.20 元	《姑苏繁华图》	（局部）	725.86 万枚
（6-3）　T 1.20 元	《姑苏繁华图》	（局部）	725.86 万枚
（6-4）　T 1.20 元	《姑苏繁华图》	（局部）	725.86 万枚
（6-5）　T 1.50 元	《姑苏繁华图》	（局部）	725.86 万枚
（6-6）　T 1.50 元	《姑苏繁华图》	（局部）	725.86 万枚
6 全			7.40 元

资料提供：辽宁省博物馆

设计者：邢文伟

责任编辑：李金薇

防伪方式：防伪纸张 防伪油墨 异形齿孔 荧光喷码

印刷厂：河南省邮电科技有限公司

注：另制作长卷邮票折。成品规格为 137mm×64mm，面值为 7.40 元。长卷邮票折设计者为邢文伟，资料提供者为辽宁省博物馆，发行量为 20 万本。

2022-9　中国古镇（四）（T）
2022-9　Ancient Towns of China（4th Series）（T）

2022-05-19　胶雕套印　13 度

50mm×30mm

整张枚数：16 枚（4×4）

整张规格：240mm×150mm

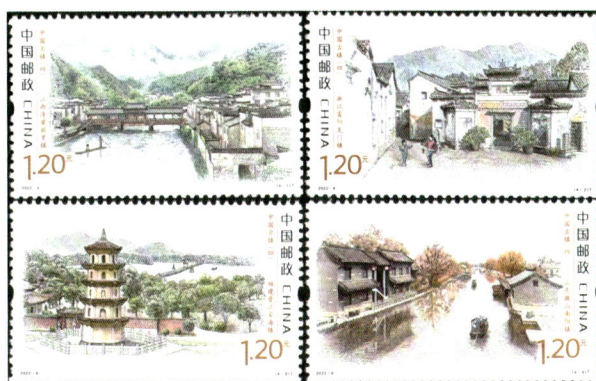

（4-1）	T 1.20 元	江西浮梁瑶里镇	797.11 万枚
（4-2）	T 1.20 元	浙江富阳龙门镇	815.03 万枚
（4-3）	T 1.20 元	福建晋江安海镇	797.11 万枚
（4-4）	T 1.20 元	山东微山南阳镇	797.11 万枚
	4 全		4.80 元

设计者：杨志英

雕刻者：徐喆、杨志英

责任编辑：干止戈

防伪方式：防伪纸张 防伪油墨 异形齿孔 荧光喷码

印刷厂：北京邮票厂有限公司

2022-10　洞庭湖（T）
2022-10　Dongting Lake（T）

2022-05-28　胶版　13 度

50mm×30mm

整张枚数：12 枚（一图、二图各 6 枚 / 张，三图、四图
各 6 枚 / 张）

整张规格：174mm×180mm

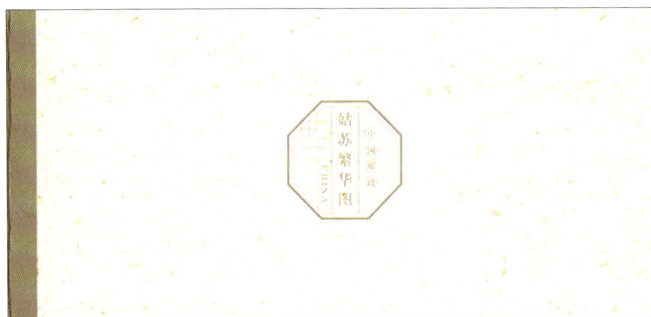

（4-1）　T 80 分　君山叠翠　　　　657.55 万枚

（4-2）　T 80 分　凌云鹤影　　　　657.55 万枚

（4-3）　T 1.20 元　城头稻源　　　657.55 万枚

（4-4）　T 1.20 元　通江达海　　　657.55 万枚

　　4 全　　　　　　　　　　　　　　4.00 元

设计者：徐里

责任编辑：何金梅

防伪方式：防伪纸张 防伪油墨 异形齿孔 荧光喷码

印刷厂：北京邮票厂有限公司

2022-10M　洞庭湖（小型张）（T）
2022-10M　Dongting Lake（Souvenir Sheet）（T）

2022-05-28　影写版　13 度

小型张规格：130mm×76mm

邮票规格：92mm×54mm

（1-1）　T 6 元　洞庭天下水　　　589.49 万枚

　　1 全　　　　　　　　　　　　　　6.00 元

设计者：徐里

责任编辑：何金梅

防伪方式：防伪纸张 防伪油墨 异形齿孔 荧光喷码

印刷厂：北京邮票厂有限公司

2022-11　我和祖国一起成长（T）
2022-11　Growing up with My Motherland（T）

2022-06-01　影写版　13 度

40mm×30mm

整张枚数：10 枚（2 套，5 枚连票）

整张规格：234mm×163mm

（5-1）　T 80 分　热爱祖国　　　　609.22 万枚

（5-2）　T 80 分　刻苦学习　　　　609.22 万枚

（5-3）　T 1.20 元　崇尚科学　　　609.22 万枚

（5-4）　T 1.20 元　强健体魄　　　609.22 万枚

（5-5）　T 1.20 元　尊重劳动　　　609.22 万枚

　　5 全　　　　　　　　　　　　　　5.20 元

资料提供：中国宋庆龄基金会

设计者：中央美术学院集体创作（一图原画作者为康蕾，二图原画作者为王子锟，三图原画作者为冯旭，四图原画作者为孔亮，五图雕塑作者为柳青，设计者为杭海）

责任编辑：温文雅

防伪方式：防伪纸张 防伪油墨 异形齿孔 荧光喷码

印刷厂：北京邮票厂有限公司

2022-12　东南大学建校一百二十周年（J）

2022-12　The 120th Anniversary of Southeast University（J）

2022-06-06　胶雕套印　13.5×13 度

45mm×30mm

整张枚数：12 枚（4×3）

整张规格：210mm×130mm

（1-1）　J 1.20 元　东南大学建校一百二十周年

796.42 万枚

1 全　　　　　　　　　　　　　　　1.20 元

资料提供：东南大学

设计者：于秋艳

雕刻者：徐喆

责任编辑：李金薇

防伪方式：防伪纸张 防伪油墨 异形齿孔 荧光喷码

印刷厂：北京邮票厂有限公司

2022-13　水电建设（T）

2022-13　Development of Hydropower（T）

2022-06-28　胶版　13 度（一图）、13.5 度（二图）

50mm×30mm （一图）、 30mm×50mm （二图）

整张枚数：12 枚（一图、二图各 6 枚 / 张）

整张规格：180mm×205mm

（2-1）　T 1.20 元　乌东德水电站　　678.30 万枚

（2-2）　T 1.20 元　白鹤滩水电站　　678.30 万枚

2 全　　　　　　　　　　　　　　　2.40 元

设计者：郭振山

责任编辑：王静

防伪方式：防伪纸张 防伪油墨 异形齿孔 荧光喷码

印刷厂：河南省邮电科技有限公司

2022-14　第一部《中国共产党章程》通过一百周年（J）

2022-14　Centenary of the Official Adoption of the First Constitution of the Communist Party of China（J）

2022-07-23　胶版　13 度

50mm×30mm

整张枚数：12 枚（6×2）

整张规格：175mm×148mm

（1-1）　J 1.20 元　第一部《中国共产党章程》通过一百周年　678.23 万枚

1 全　　　　　　　　　　　　　　　1.20 元

资料提供：中央档案馆

设计者：张帆

责任编辑：闫瑾

防伪方式：防伪纸张 防伪油墨 异形齿孔 荧光喷码

印刷厂：北京邮票厂有限公司

2022-15　中国国家版本馆（T）

2022-15　China National Archives of Publications and Culture（T）

2022-07-30　影写版　13 度

50mm×30mm

整张枚数：12 枚（3×4）

整张规格：180mm×210mm

（1-1）　T 1.20 元　中国国家版本馆　　788.61 万枚

1 全　　　　　　　　　　　　　　　1.20 元

资料提供：中国国家版本馆

设计者：史渊

责任编辑：王偲藼

防伪方式：防伪纸张 防伪油墨 异形齿孔 荧光喷码

印刷厂：北京邮票厂有限公司

2022-16　中国篆刻（T）
2022-16　Chinese Seal Engraving（T）

2022-08-05 胶版（采用局部压凸工艺）　13.5×13 度

30mm×60mm

版式一：12 枚（4×3）

版式一规格：150mm×210mm

（4-1）　T 1.20 元　战国·外司炉鍴　767.01 万枚

（4-2）　T 1.20 元　秦·宜阳津印　767.01 万枚

（4-3）　T 1.20 元　汉·朔宁王太后玺　767.01 万枚

（4-4）　T 1.20 元　唐·中书省之印　767.01 万枚

　　　　4 全　　　　　　　　　　　　　4.80 元

资料提供：故宫博物院、上海博物馆、

　　　　　重庆中国三峡博物馆

设计者：容铁

责任编辑：温文雅

防伪方式：防伪纸张 防伪油墨 异形齿孔 荧光喷码

印刷厂：河南省邮电科技有限公司

版式二：8 枚（2 套，宣纸品种）

版式二规格：200mm×150mm

版式二发行量：89.97 万版

　　　　1 全　　　　　　　　　　　　　9.60 元

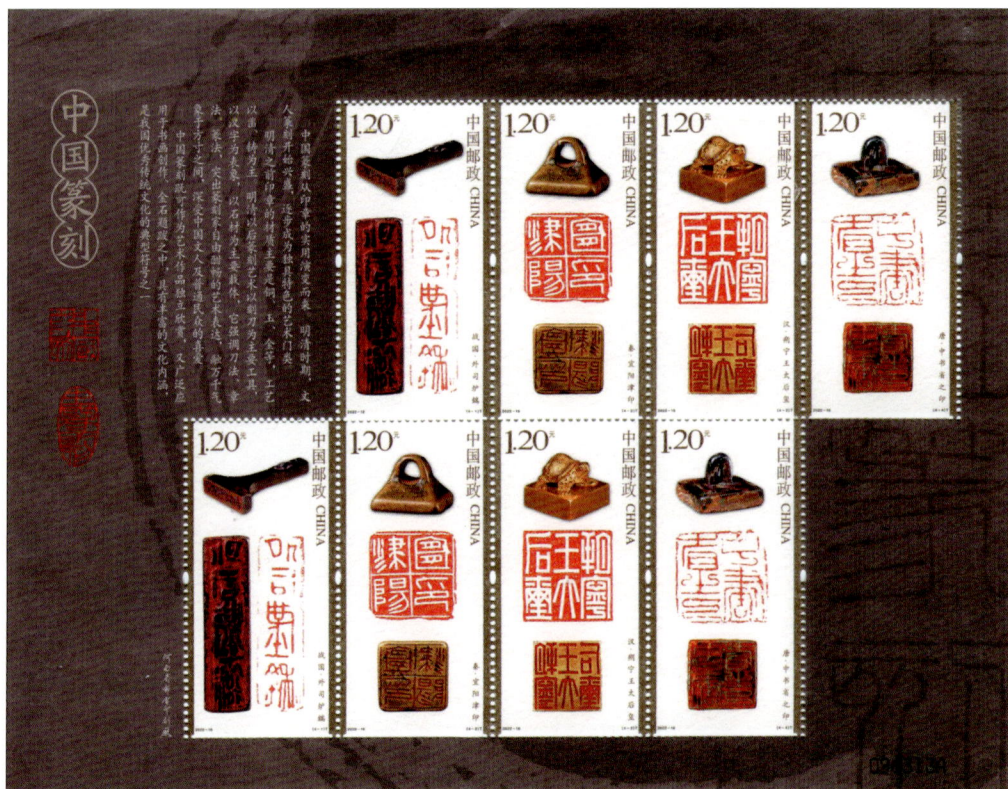

2022-17　秦腔（T）
2022-17　Qinqiang Opera（T）

2022-08-13　影写版　13 度

44mm×33mm

整张枚数：12 枚（3×4）

整张规格：165mm×180mm

（3-1）	T 1.20 元	火焰驹	694.35 万枚
（3-2）	T 1.20 元	三滴血	694.35 万枚
（3-3）	T 1.20 元	游西湖	694.35 万枚
	3 全		3.60 元

设计者：录洁囡、郭线庐

版张边饰设计者：刘冠丛

责任编辑：温文雅

防伪方式：防伪纸张 防伪油墨 异形齿孔 荧光喷码

印刷厂：北京邮票厂有限公司

2022-18　动画 ——《黑猫警长》（T）
2022-18　Animation — Mr. Black（T）

2022-09-03　影写版　13 度

50mm×30mm

整张枚数：10 枚（2 套）

整张规格：130mm×195mm

（5-1）	T 80 分	制服强盗	629.04 万枚
（5-2）	T 80 分	捕捉恶鹰	629.04 万枚
（5-3）	T 1.20 元	保卫家园	629.04 万枚
（5-4）	T 1.20 元	并肩作战	629.04 万枚
（5-5）	T 1.20 元	大获全胜	629.04 万枚
	5 全		5.20 元

资料提供：上海美术电影制片厂有限公司

设计者：尚盈

责任编辑：闫瑾

防伪方式：防伪纸张 防伪油墨 异形齿孔 荧光喷码

印刷厂：北京邮票厂有限公司

2022-19　虎（文物）（T）
2022-19　Tiger（Cultural Relics）（T）

2022-09-05　胶雕套印（一图）、胶版（二至六图，二至五图采用局部压凸工艺，四图采用局部冷烫工艺）　13 度

40mm×30mm

整张枚数：12 枚（4×3）

整张规格：192mm×122mm

（6-1）	T 1.20 元	商·伏鸟双尾青铜虎	734.89 万枚
（6-2）	T 1.20 元	春秋·青玉虎形佩	743.89 万枚
（6-3）	T 1.20 元	汉·白虎瓦当	743.89 万枚
（6-4）	T 1.20 元	汉·错金铭文铜虎节	734.89 万枚

（6-5）　T 1.20 元　金·磁州窑白釉褐花卧虎枕

743.89 万枚

（6-6）　T 1.20 元　清·皮影飞虎　743.89 万枚

6 全　7.20 元

资料提供：江西省博物馆、河南博物院、
中国国家博物馆、南越王博物院、
周口市博物馆、中国美术馆

设计者：王虎鸣

雕刻者：白金（一图）

责任编辑：王静

防伪方式：防伪纸张 防伪油墨 异形齿孔 荧光喷码

印刷厂：河南省邮电科技有限公司

2022-20　中国现代科学家（九）（J）
2022-20　Scientists of Modern China（IX）（J）

2022-09-07　胶雕套印　13 度

50mm×30mm

整张枚数：16 枚（4×4）

整张规格：230mm×150mm

（4-1）　J 1.20 元　刘东生　977.11 万枚

（4-2）　J 1.20 元　程开甲　977.11 万枚

（4-3）　J 1.20 元　吴文俊　977.11 万枚

（4-4）　J 1.20 元　袁隆平　977.11 万枚

4 全　4.80 元

设计者：李晨

雕刻者：郝欧、刘博

责任编辑：温文雅

防伪方式：防伪纸张 防伪油墨 异形齿孔 荧光喷码

印刷厂：北京邮票厂有限公司

2022-21　北京师范大学建校一百二十周年（J）
2022-21　120th Anniversary of Beijing
　　　　　Normal University（J）

2022-09-08　胶雕套印　13.5 度

33mm×44mm

整张枚数：12 枚

整张规格：160mm×188mm

（1-1）　J 1.20 元　北京师范大学建校一百二十周年

777.97 万枚

1 全　1.20 元

资料提供：北京师范大学

设计者：于童

雕刻者：原艺珊

责任编辑：闫瑾

防伪方式：防伪纸张 防伪油墨 异形齿孔 荧光喷码

印刷厂：北京邮票厂有限公司

2022-22　中国名亭（二）（T）
2022-22　Famous Pavilions of China
　　　　　（2nd Series）（T）

2022-10-03　影写版　13.5 度

30mm×40mm

整张枚数：12 枚（一图、二图各 6 枚 / 张，三图、四图
各 6 枚 / 张）

整张规格：180mm×150mm

（4-1）　T 1.20 元　知春亭　657.27 万枚

（4-2）　T 1.20 元　水流云在亭　657.27 万枚

（4-3）　T 1.20 元　万春亭　657.27 万枚

（4-4）　T 1.20 元　双环亭　657.27 万枚

4 全　　　　　　　　　　　　　　　　　4.80 元

设计者：焦洋

边饰原画作者：焦洋

边饰设计者：夏竞秋

责任编辑：王静

防伪方式：防伪纸张 防伪油墨 异形齿孔 荧光喷码

印刷厂：北京邮票厂有限公司

2022-23　中国共产党第二十次全国代表大会（J）

2022-23　The 20th National Congress of the Communist Party of China（J）

2022-10-16　影写版　13 度

邮票规格：40mm×30mm

版式一：16 枚（4×4）

版式一规格：184mm×148mm

（2-1）　J 1.20 元　奋进新征程　　　　1385.27 万枚

（2-2）　J 1.20 元　建功新时代　　　　1385.27 万枚

2 全　　　　　　　　　　　　　　　　　2.40 元

设计者：中央美术学院集体创作（执笔人包括高洪、
　　　　　范迪安、吕品晶、强勇、郝凝辉、柳青、
　　　　　贾璐遥、罗允泽、吕游）

责任编辑：何金梅

防伪方式：防伪纸张 防伪油墨 异形齿孔 荧光喷码

印刷厂：北京邮票厂有限公司

版式二：8 枚（4 套）

版式二规格：186mm×112mm

版式二发行量：134.97 万版

1 全　　　　　　　　　　　　　　　　　9.60 元

2022-23M　中国共产党第二十次全国代表大会（小型张）（J）

2022-23M　The 20th National Congress of the Communist Party of China（Souvenir Sheet）（J）

2022-10-16　影写版　13 度

小型张规格：143mm×101mm

邮票规格：82mm×57mm

（1-1）　J 6 元　庆祝中国共产党第二十次全国代表大会

　　　　　胜利召开　　　　　　　　　788.78 万枚

1 全　　　　　　　　　　　　　　　　　6.00 元

设计者：中央美术学院集体创作（执笔人包括高洪、
　　　　　范迪安、吕品晶、强勇、郝凝辉、柳青、
　　　　　贾璐遥、罗允泽、 吕游）

责任编辑：何金梅

防伪方式：防伪纸张 防伪油墨 异形齿孔 荧光喷码

印刷厂：北京邮票厂有限公司

2022-24　张仲景（T）
2022-24　Zhang Zhongjing（T）

2022-10-22　胶版（香味油墨）　13 度

50mm×30mm

版式一：12 枚（3×4）

版式一规格：174mm×152mm

（2-1）　T 1.20 元　坐堂行医　　　　　746.52 万枚

（2-2）　T 1.20 元　撰书立著　　　　　746.52 万枚

　2 全　　　　　　　　　　　　　　2.40 元

设计者：刘金贵

版式二边饰设计者：夏竞秋

责任编辑：何金梅

防伪方式：防伪纸张 防伪油墨 异形齿孔 荧光喷码

印刷厂：河南省邮电科技有限公司

版式二：6 枚（3 套）

版式二规格：140mm×160mm

版式二发行量：89.68 万版

　1 全　　　　　　　　　　　　　　7.20 元

2022-24M　张仲景（小型张）（T）
2022-24M　Zhang Zhongjing
　　　　　　（Souvenir Sheet）（T）

2022-10-22　胶版　13度

小型张规格：86mm×125mm

邮票规格：49mm×72mm

（1-1）　T 6元　张仲景像　　　　　　　697.31万枚

　　1 全　　　　　　　　　　　　　　　6.00元

设计者：刘金贵

责任编辑：何金梅

防伪方式：防伪纸张 防伪油墨 异形齿孔 荧光喷码

印刷厂：河南省邮电科技有限公司

注：特别制作《张仲景》小型张四连张 1 版，材质为绢
　　质，面值为 24 元，整张规格为 202mm×283mm，发
　　行量为 15 万版。

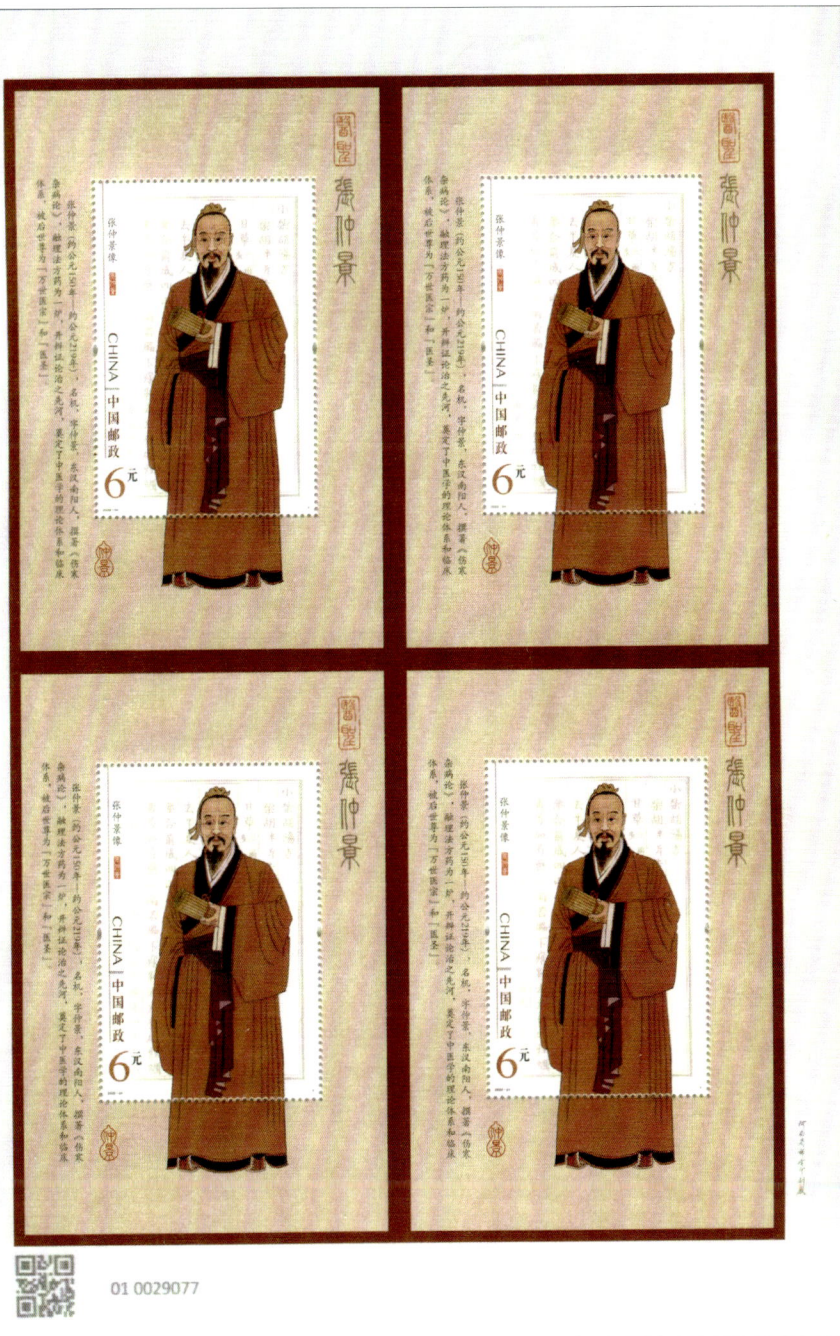

2022-25　鸽（T）

2022-25　Pigeon（T）

2022-10-05　胶版（采用局部压凸工艺）　13 度

50mm×30mm

整张枚数：12 枚（一图、二图各 6 枚 / 张，三图、四图
　　　　　　各 6 枚 / 张）

整张规格：180mm×190mm

（4-1）　T 1.20 元　岩鸽　　　　　　　647.28 万枚

（4-2）　T 1.20 元　斑尾林鸽　　　　　647.28 万枚

（4-3）　T 1.20 元　雪鸽　　　　　　　647.28 万枚

（4-4）　T 1.20 元　斑林鸽　　　　　　647.28 万枚

　　　4 全　　　　　　　　　　　　　4.80 元

设计者：曾孝濂

责任编辑：王儩薆

防伪方式：防伪纸张 防伪油墨 异形齿孔 荧光喷码

印刷厂：辽宁省沈阳邮电印刷有限责任公司

2022-26　国家公园（J）

2022-26　National Parks（J）

2022-11-05　影写版　13×13.5 度

70mm×35mm

整张枚数：12 枚（3×4）

整张规格：240mm×190mm

（5-1）　J 1.20 元　三江源国家公园　　756.19 万枚

（5-2）　J 1.20 元　大熊猫国家公园　　756.19 万枚

（5-3）　J 1.20 元　东北虎豹国家公园　756.19 万枚

（5-4）　J 1.20 元　海南热带雨林国家公园　756.19 万枚

（5-5）　J 1.20 元　武夷山国家公园　　756.19 万枚

　　　5 全　　　　　　　　　　　　　6.00 元

设计者：马立航、刘博、尹晓飞

责任编辑：干止戈

防伪方式：防伪纸张 防伪油墨 异形齿孔 荧光喷码

印刷厂：北京邮票厂有限公司

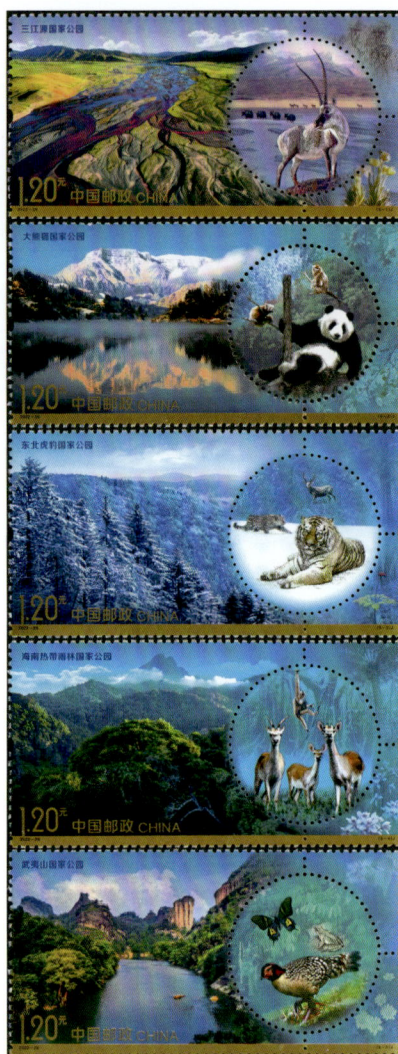

2022-27　中国空间站（J）

2022-27　China Space Station（J）

2022-12-25　胶版（采用局部烫印工艺）13×13.5 度

52mm×38mm

版式一：12 枚（4×3）

版式一规格：236mm×156mm

（4-1）　J 1.20 元　天地往返　　　　796.72 万枚　　　　责任编辑：干止戈

（4-2）　J 1.20 元　空间科学　　　　796.72 万枚　　　　防伪方式：防伪纸张 防伪油墨 异形齿孔 荧光喷码

（4-3）　J 1.50 元　出舱活动　　　　796.72 万枚　　　　印刷厂：河南省邮电科技有限公司

（4-4）　J 1.50 元　太空家园　　　　796.72 万枚

　　4 全　　　　　　　　　　　　　　　5.40 元　　　　版式二：8 枚（2 套）

资料提供：中国载人航天工程办公室　　　　　　　　　版式二规格：236mm×136mm

设计者：王虎鸣、董琪、夏竞秋　　　　　　　　　　　版式二发行量：109.98 万版

插图作者：于童　　　　　　　　　　　　　　　　1 全　　　　　　　　　　　10.80 元

边饰设计者：王虎鸣

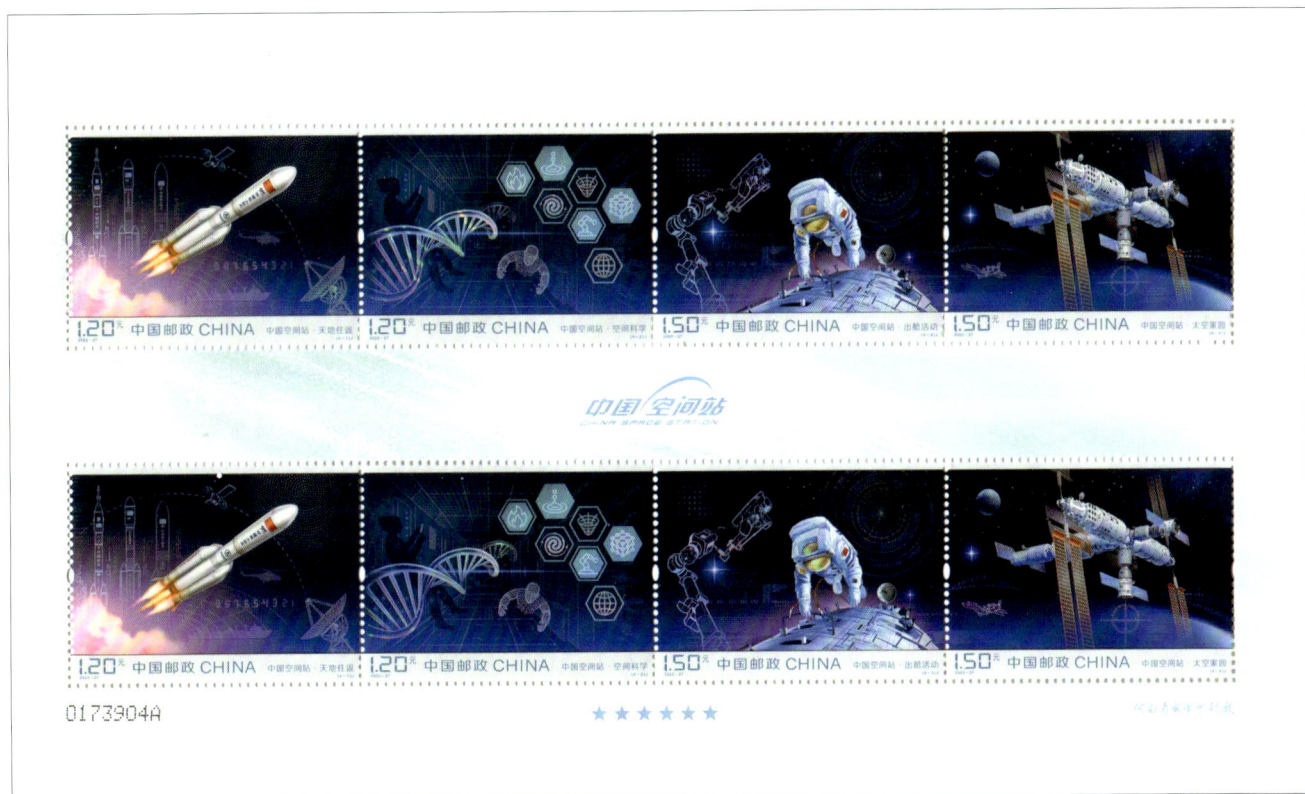

BPC-20　中国空间站纪念邮票本册
BPC-20　China Space Station Stamp Book

2022-12-25　胶版（采用局部烫印工艺）13×13.5 度

本册规格：200mm×200mm

售价：50 元

发行量：8.00 万本

资料提供：中国载人航天工程办公室

设计者：王虎鸣、董琪、夏竞秋

插图作者：于童

边饰设计者：王虎鸣

责任编辑：干止戈

防伪方式：防伪纸张 防伪油墨 异形齿孔 荧光喷码

印刷厂：河南省邮电科技有限公司

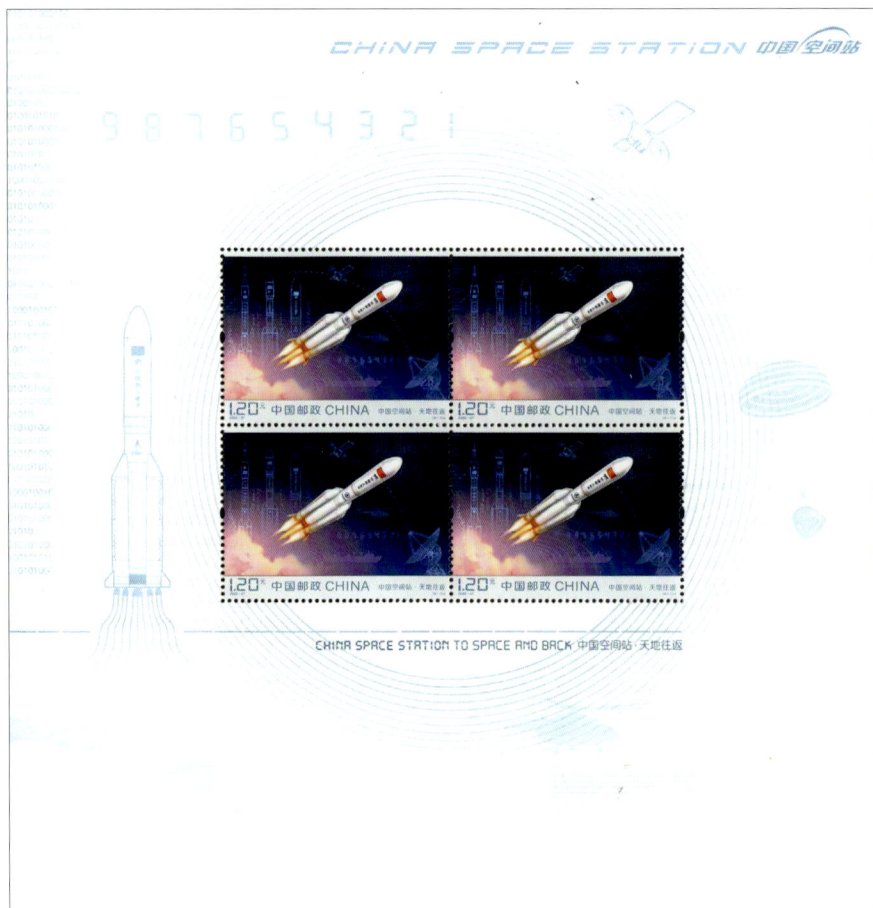

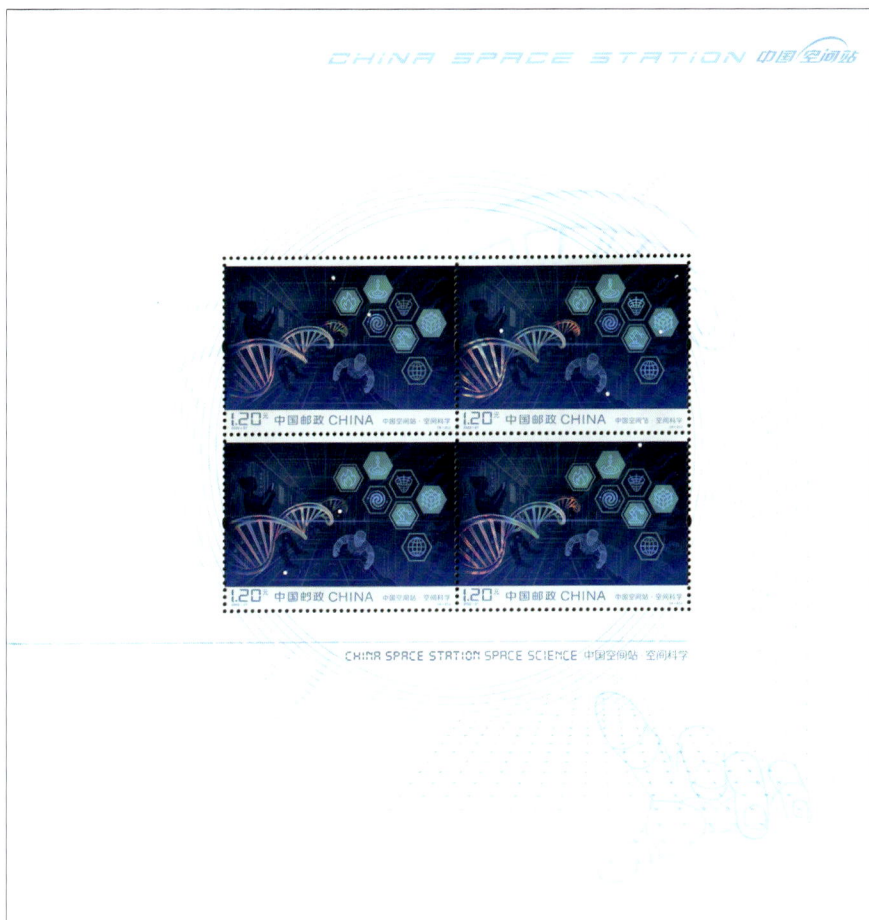

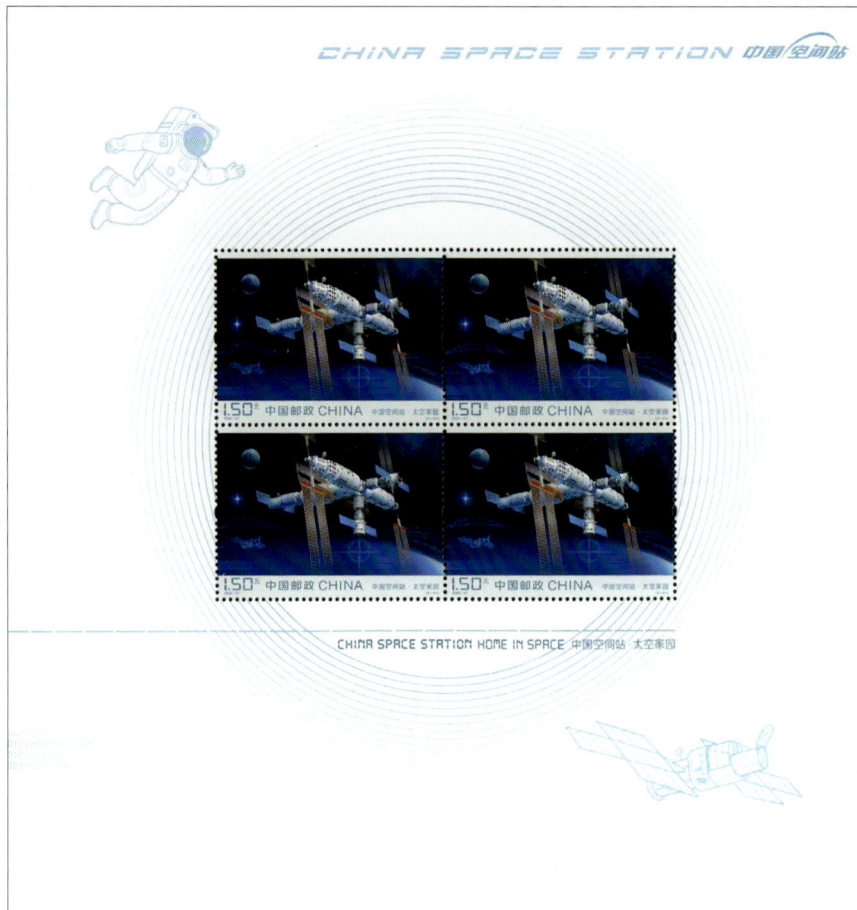

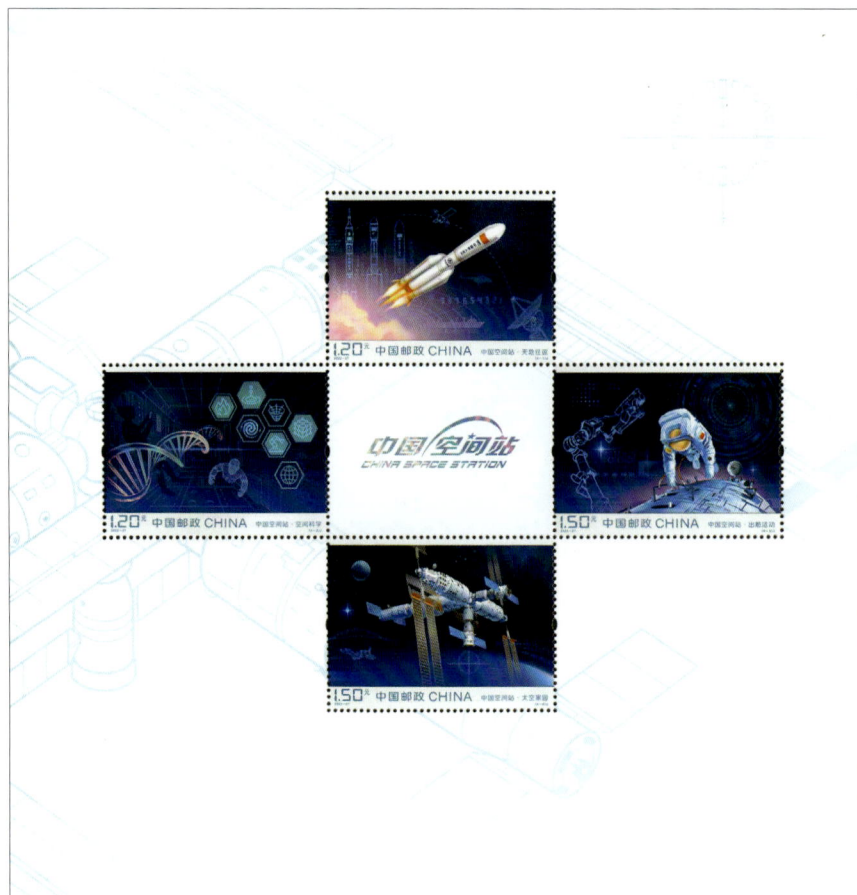

2023 年

2023-1　癸卯年（T）
2023-1　Gui-Mao Year（T）

2023-01-05　胶雕套印　13 度

36mm×36mm

版式一：16 枚（4×4）

版式一规格：168mm×196mm

（2-1）	T 1.20 元	癸卯寄福	3942.05 万枚
（2-2）	T 1.20 元	同圆共生	3791.97 万枚

2 全　　　　　　　　　　　　　　　　2.40 元

设计者：黄永玉

雕刻者：郝欧、原艺珊

责任编辑：王静

防伪方式：防伪纸张 防伪油墨 异形齿孔 荧光喷码

印刷厂：北京邮票厂有限公司

版式二：6 枚

版式二规格：128mm×180mm

版式二发行量：230 万版

2 全　　　　　　　　　　　　　　　　7.20 元

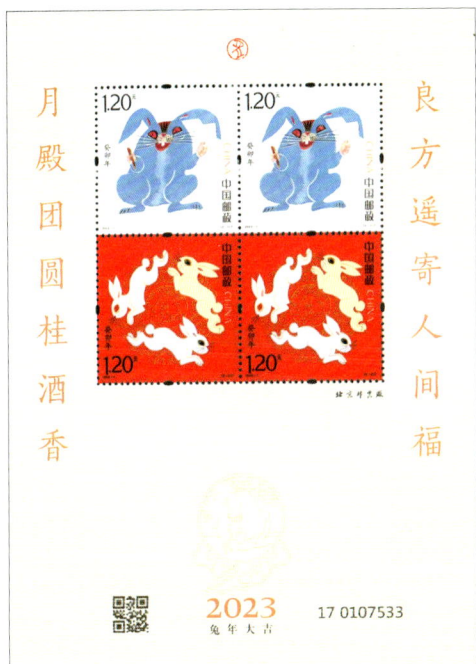

版式三：4 枚（2 套）

版式三规格：120mm×160mm

版式三发行量：530 万枚

1 全　　　　　　　　　　　　　　　　4.80 元

注：用于赠送给预订 2023 年全年纪特邮票的预订户。

2023-2　中华人民共和国第十四届全国人民代表大会（J）

2023-2　The 14th National People's Congress of the People's Republic of China（J）

2023-03-05　胶版　13.5 度

36mm×50mm

整张枚数：12 枚（4×3）

整张规格：174mm×205mm

（1-1）J 1.20 元　中华人民共和国第十四届全国人民
代表大会　　　　　　　879.30 万枚

　1 全　　　　　　　　　　　　　　　1.20 元

设计者：清华大学美术学院集体创作（执笔人陈磊）

边饰设计者：李柳依、张月佳

责任编辑：干止戈

防伪方式：防伪纸张 防伪油墨 异形齿孔 荧光喷码

印刷厂：北京邮票厂有限公司

2023-3　毛泽东"向雷锋同志学习"题词发表六十周年（J）

2023-3　The 60th Anniversary of the Publication of Mao Zedong's Inscription "Learn from Comrade Lei Feng"（J）

2023-03-05　胶雕套印（一图）、影写版（二图）　13.5 度

33mm×44mm

整张枚数：12 枚（4×3）

整张规格：156mm×170mm

（2-1）J 1.20 元　毛泽东同志题词　　749.15 万枚

（2-2）J 1.20 元　《雷锋》雕塑　　　749.15 万枚

　2 全　　　　　　　　　　　　　　　2.40 元

设计者：吴为山、史渊

责任编辑：温文雅

防伪方式：防伪纸张 防伪油墨 异形齿孔 荧光喷码

印刷厂：北京邮票厂有限公司

2023-4　云南大学建校一百周年（J）

2023-4　The 100th Anniversary of Yunnan University（J）

2023-04-20　胶雕套印　13 度

45mm×36mm

整张枚数：12 枚

整张规格：204mm×187mm

（1-1）J 1.20 元　云南大学建校一百周年　783.41 万枚

　1 全　　　　　　　　　　　　　　　1.20 元

资料提供：云南大学

设计者：张冬冬

雕刻者：李昊

责任编辑：王偲薿

防伪方式：防伪纸张 防伪油墨 异形齿孔 荧光喷码

印刷厂：北京邮票厂有限公司

2023-5　中国古典文学名著 ——《西游记》（五）（T）

2023-5　Journey to the West, a Masterpiece in Classical Chinese Literature（5th Series）（T）

2023-04-27　影写版　13×13.5 度

38mm×50mm

版式一：16 枚（4×4）

版式一规格：180mm×240mm

（4-1）T 1.20 元　狮驼岭降魔　　846.84 万枚

（4-2）T 1.20 元　比丘国伏怪　　846.84 万枚

（4-3）T 1.20 元　填平无底洞　　　　846.84 万枚
（4-4）T 1.20 元　天竺收玉兔　　　　846.84 万枚
　　4 全　　　　　　　　　　　　　　　4.80 元
设计者：李云中
版式二边饰设计者：夏竞秋
版式二边饰资料提供：李云中
责任编辑：王静

防伪方式：防伪纸张 防伪油墨 异形齿孔 荧光喷码
印刷厂：北京邮票厂有限公司

版式二：8 枚（2 套）
版式二规格：200mm×156mm
版式二发行量：98.99 万版
　　1 全　　　　　　　　　　　　　　10.20 元

2023-5M　中国古典文学名著 ——《西游记》(五)（小型张）(T)

2023-5M　Journey to the West, a Masterpiece in Classical Chinese Literature（5th Series）（Souvenir Sheet）(T)

2023-04-27　影写版　13 度
小型张规格：138mm×93mm
邮票规格：73mm×81mm　（异形）
（1-1）T 6 元　五圣成正果　　　　597.62 万枚
　　1 全　　　　　　　　　　　　　　6.00 元

设计者：李云中
责任编辑：王静
防伪方式：防伪纸张 防伪油墨 异形齿孔 荧光喷码
印刷厂：北京邮票厂有限公司
注：另制作四方连邮票折。成品规格为 114mm×164mm，面值为 20.40 元。四方连邮票折设计者为夏竞秋，资料提供为李云中，发行量为 15 万本。
另制作全张邮票折。成品规格为 202mm×93mm，面值为 44.10 元。全张邮票折设计者为夏竞秋，原画作者为李云中，发行量为 12 万本。

中国古典文学名著
西游记
（五）
6元
CHINA 中国邮政
五圣成正果
05 0296760

西游记
（五）
中国邮政
CHINA
中国古典文学名著

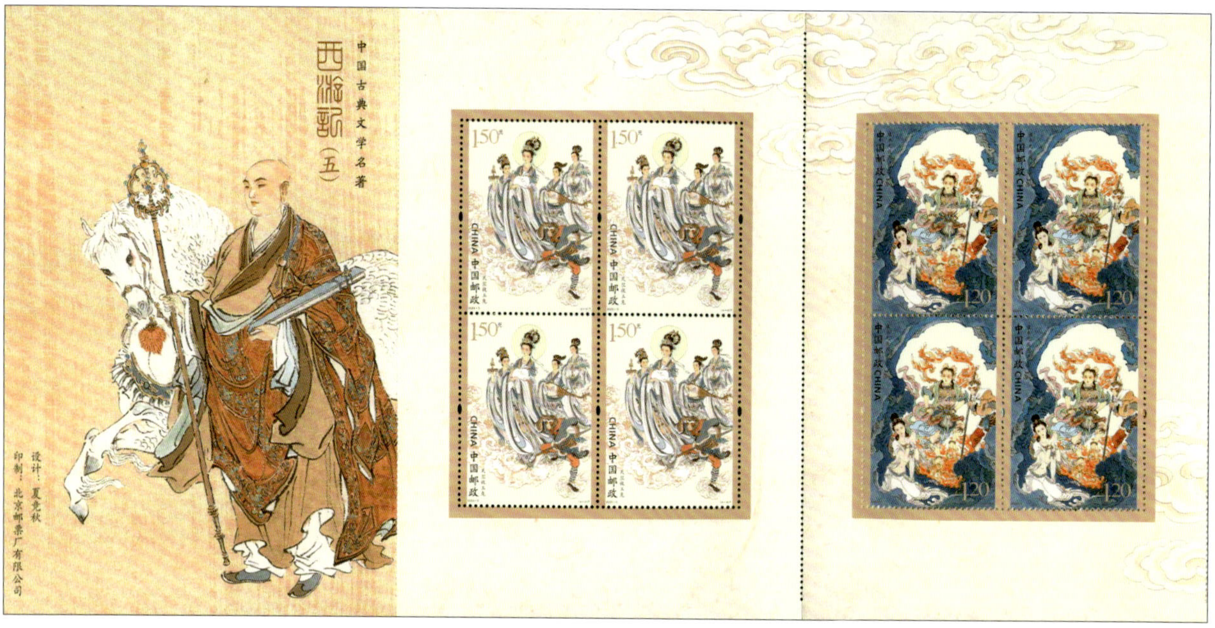
西游记
（五）
中国古典文学名著
设计：夏竞秋
印制：北京邮票厂有限公司

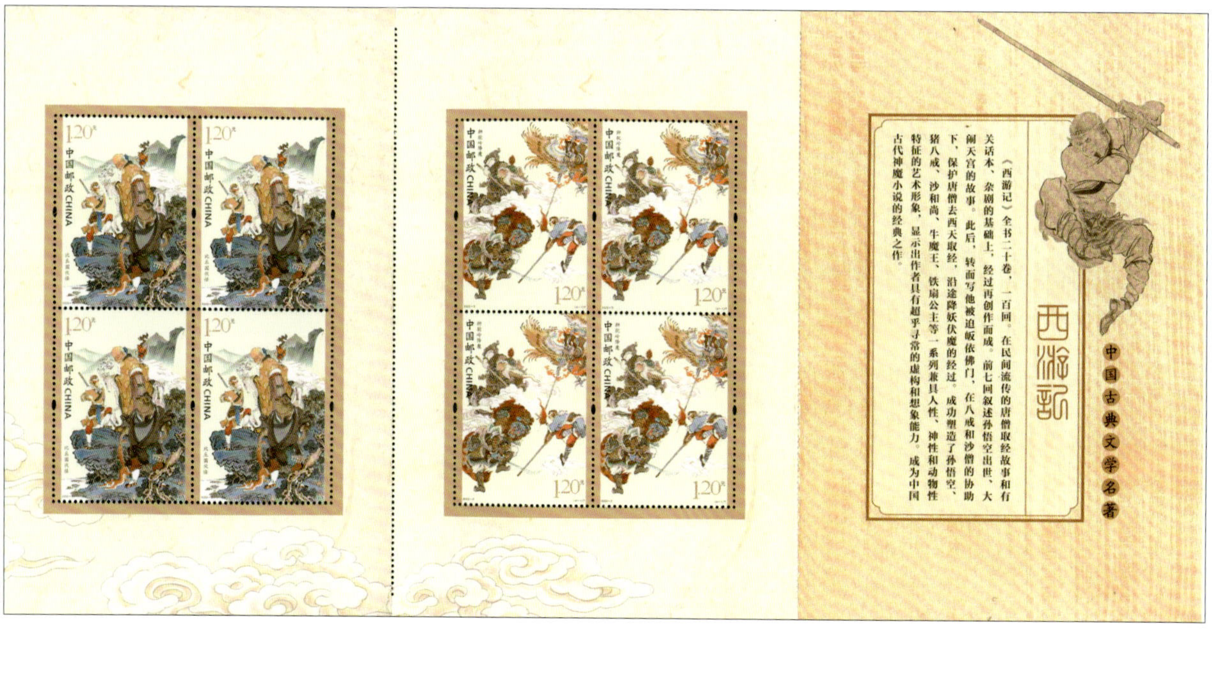
《西游记》全书二十卷，一百回。在民间流传的唐僧取经故事和有关话本、杂剧的基础上，经过再创作而成。前七回叙述孙悟空出世、大闹天宫的故事。此后，转而写他被迫皈依佛门，在八戒和沙僧的协助下，保护唐僧去西天取经，沿途降妖伏魔的经过。成功塑造了孙悟空、猪八戒、沙和尚、牛魔王、铁扇公主等一系列兼具人性、神性和动物性特征的艺术形象，显示出作者具有超乎寻常的虚构和想象能力。成为中国古代神魔小说的经典之作。
西游记
中国古典文学名著

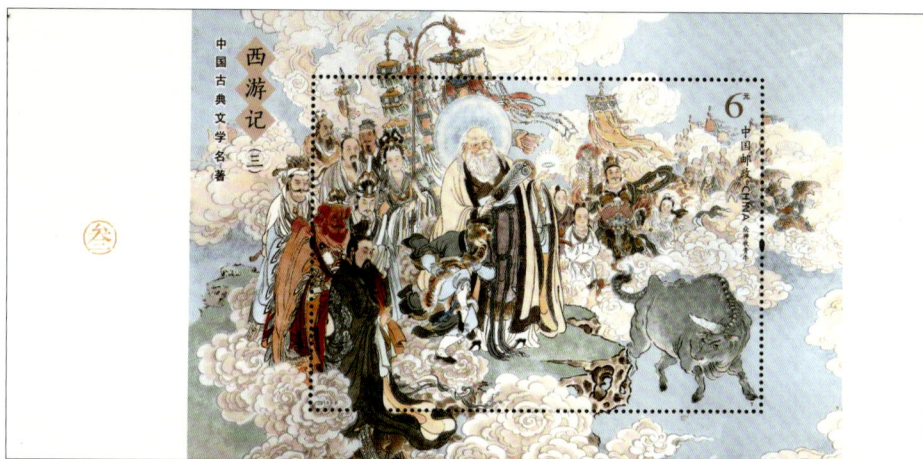

2023-6　东北大学建校一百周年（J）

2023-6　The 100th Anniversary of Northeastern University（J）

2023-04-26　胶雕套印　13.5 度

33mm×44mm

整张枚数：12 枚

整张规格：162mm×211mm

（1-1）J 1.20 元　东北大学建校一百周年　783.41 万枚

　1 全　　　　　　　　　　　　　　　1.20 元

资料提供：东北大学

设计者：徐喆

雕刻者：徐喆

责任编辑：李金薇

防伪方式：防伪纸张 防伪油墨 异形齿孔 荧光喷码

印刷厂：北京邮票厂有限公司

2023-7　中西建交五十周年（与西班牙联合发行）（J）

2023-7　The 50th Anniversary of China-Spain Diplomatic Relations (China-Spain Joint Issue)（J）

2023-05-10　影写版　13 度

50mm×30mm

整张枚数：12 枚（3×4）

整张规格：180mm×160mm

（2-1）J 1.20 元　衡水湖　　　　　687.54 万枚

（2-2）J 1.20 元　富恩特皮埃德拉湖　687.54 万枚

　2 全　　　　　　　　　　　　　　2.40 元

一图资料提供：孔令龙

设计者：马立航

责任编辑：闫瑾

防伪方式：防伪纸张 防伪油墨 异形齿孔 荧光喷码

印刷厂：北京邮票厂有限公司

2023-8　中国美术馆（T）

2023-8　National Art Museum of China（T）

2023-05-23　胶雕套印　13.5×13 度

60mm×30mm

整张枚数：12 枚（3×4）

整张规格：210mm×164mm

（1-1）T 1.20 元　中国美术馆　　　659.19 万枚

　1 全　　　　　　　　　　　　　　　1.20 元

资料提供：中国美术馆

设计者：于秋艳

雕刻者：杨志英

责任编辑：王静

防伪方式：防伪纸张 防伪油墨 异形齿孔 荧光喷码

印刷厂：北京邮票厂有限公司

2023-9　动画 ——《九色鹿》（T）
2023-9　Animation — Nine-Colored Deer（T）

2023-06-01　影写版　13 度

42mm×30mm

整张枚数：10 枚（2 套，5 枚连印）

整张规格：235mm×123mm

（5-1）T 80 分　神鹿现身　　　618.68 万枚

（5-2）T 80 分　善待万物　　　618.68 万枚

（5-3）T 1.20 元　救人劫难　　618.68 万枚

（5-4）T 1.20 元　神鹿中计　　618.68 万枚

（5-5）T 1.20 元　神力化险　　618.68 万枚

　5 全　　　　　　　　　　　　　　　5.20 元

资料提供：上海美术电影制片厂有限公司

设计者：原艺珊

责任编辑：闫瑾

防伪方式：防伪纸张 防伪油墨 异形齿孔 荧光喷码

印刷厂：北京邮票厂有限公司

2023-10　货郎图（T）
2023-10　The Knick-knack Peddler（T）

2023-06-18　胶雕套印　13 度

55mm×42mm

整张枚数：12 枚（3×4）

整张规格：203mm×200mm

（2-1）T 1.20 元　货郎图（局部）　768.01 万枚

（2-2）T 1.20 元　货郎图（局部）　768.01 万枚

　2 全　　　　　　　　　　　　　　　2.40 元

资料提供：故宫博物院

设计者：王虎鸣

雕刻者：原艺珊、李昊

责任编辑：王静

防伪方式：防伪纸张 防伪油墨 异形齿孔 荧光喷码

印刷厂：北京邮票厂有限公司

注：另发行《货郎图》无齿邮票（宣纸品种），发行量为 96 万套。

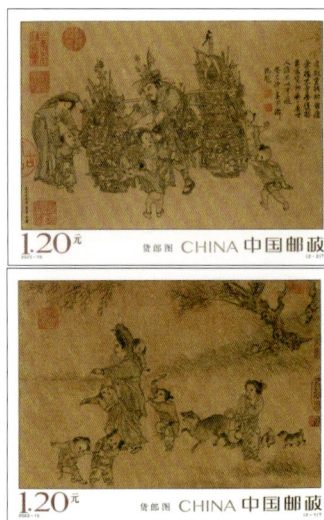

2023-10M　货郎图（小型张）（T）
2023-10M　The Knick-knack Peddler （Souvenir Sheet）（T）

2023-06-18　胶雕套印　13.5 度

小型张规格：190mm×85mm

邮票规格：138mm×50mm

（1-1）　6 元　《货郎图》　594.74 万枚

　　1 全　　　　　　　　　　　　6.00 元

资料提供：故宫博物院

设计者：王虎鸣

雕刻者：原艺珊、李昊

责任编辑：王静

防伪方式：防伪纸张 防伪油墨 异形齿孔 荧光喷码

印刷厂：北京邮票厂有限公司

2023-11　现代桥梁建设（T）
2023-11　Modern Bridge Construction（T）

2023-06-30　胶版　13.5×13 度

60mm×30mm

整张枚数：12 枚（3×4）

整张规格：220mm×165mm

（3-1）　T 1.20 元　沪苏通长江公铁大桥　732.11 万枚

（3-2）　T 1.20 元　瓯江北口大桥　732.11 万枚

（3-3）　T 1.20 元　平南三桥　732.11 万枚

　　3 全　　　　　　　　　　　　3.60 元

设计者：郭振山、杨睿

责任编辑：王静

防伪方式：防伪纸张 防伪油墨 异形齿孔 荧光喷码

印刷厂：北京邮票厂有限公司

2023-11M　现代桥梁建设（小型张）（T）
2023-11M　Modern Bridge Construction （Souvenir Sheet）（T）

2023-06-30　影写版　13.5×13 度

小型张规格：146mm×82mm

邮票规格：107mm×60mm

（1-1）　6 元　北盘江第一桥　584.41 万枚

　　1 全　　　　　　　　　　　　6.00 元

设计者：郭振山、杨睿

责任编辑：王静

防伪方式：防伪纸张 防伪油墨 异形齿孔 荧光喷码

印刷厂：北京邮票厂有限公司

2023-12 成语典故（三）（T）
2023-12 Stories of Idioms（3rd Series）（T）

2023-07-15 影写版 13.5 度

30mm×50mm

整张枚数：16 枚（4×4）

整张规格：150mm×240mm

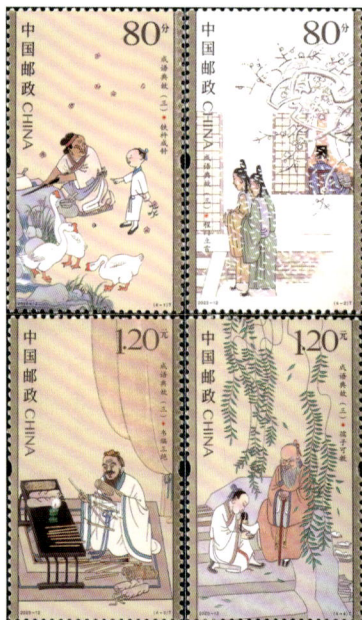

（4-1）T 80 分 铁杵成针 705.94 万枚

（4-2）T 80 分 程门立雪 718.74 万枚

（4-3）T 1.20 元 韦编三绝 705.94 万枚

（4-4）T 1.20 元 孺子可教 705.94 万枚

4 全 4.00 元

设计者：刘金贵

责任编辑：何金梅

防伪方式：防伪纸张 防伪油墨 异形齿孔 荧光喷码

印刷厂：北京邮票厂有限公司

2023-13 成都第 31 届世界大学生夏季运动会（J）
2023-13 Chengdu 2021 FISU World University Games Summer（J）

2023-07-28 影写版 13 度

40mm×30mm

整张枚数：12 枚（3×4）

整张规格：150mm×180mm

（2-1）J 1.20 元 会徽 667.87 万枚

（2-2）J 1.20 元 吉祥物 667.87 万枚

2 全 2.40 元

资料提供：第 31 届世界大学生夏季运动会执行委员会

设计者：沈嘉宏

责任编辑：何金梅

防伪方式：防伪纸张 防伪油墨 异形齿孔 荧光喷码

印刷厂：北京邮票厂有限公司

2023-14 太极拳（T）
2023-14 Taijiquan（T）

2023-08-08 影写版 13 度

40mm×30mm

整张枚数：12 枚（3×4）

整张规格：150mm×160mm

（3-1）T 1.20 元　拳术　　　　　　707.89 万枚
（3-2）T 1.20 元　器械　　　　　　707.89 万枚
（3-3）T 1.20 元　推手　　　　　　707.89 万枚
　　　3 全　　　　　　　　　　　　　3.60 元

设计者：王亚平、张帆

责任编辑：干止戈

防伪方式：防伪纸张 防伪油墨 异形齿孔 荧光喷码

印刷厂：北京邮票厂有限公司

2023-15　《昆虫》(二)(T)
2023-15　Insects（2nd Series）(T)

2023-08-23　胶版（采用局部压凸和烫印工艺）　13 度

40mm×30mm

整张枚数：12 枚（4×3）

整张规格：184mm×130mm

（4-1）T 80 分　　乌桕大蚕蛾　　　　682.77 万枚
（4-2）T 80 分　　棘角蛇纹春蜓　　　682.77 万枚
（4-3）T 1.20 元　叉角厉蝽（若虫）　682.77 万枚
（4-4）T 1.20 元　阳彩臂金龟　　　　682.77 万枚
　　　4 全　　　　　　　　　　　　　4.00 元

设计者：殷会利、韩璐

责任编辑：温义雅

防伪方式：防伪纸张 防伪油墨 异形齿孔 荧光喷码

印刷厂：北京邮票厂有限公司

2023-16　太行山(T)
2023-16　Taihang Mountains(T)

2023-09-03　影写版　13 度

50mm×30mm

版式一：16 枚（一图、二图各 8 枚 / 张，三图、四图
各 8 枚 / 张，五图、六图各 8 枚 / 张）

版式一规格：230mm×165mm

（6-1）T 80 分　　雄关险踞　　　　668.43 万枚
（6-2）T 1.20 元　白石赤壁　　　　668.43 万枚
（6-3）T 1.20 元　壶关幽谷　　　　668.43 万枚
（6-4）T 1.20 元　王莽奇峰　　　　668.43 万枚
（6-5）T 1.50 元　郭亮天路　　　　668.43 万枚
（6-6）T 3 元　　王屋洞天　　　　668.43 万枚
　　　6 全　　　　　　　　　　　　　8.90 元

设计者：李德福

责任编辑：王僮薨

防伪方式：防伪纸张 防伪油墨 异形齿孔 荧光喷码

印刷厂：北京邮票厂有限公司

版式二：4枚（一图、二图各2枚/张，三图、四图各
　　　　2枚/张，五图、六图各2枚/张）

版式二规格：180mm×105mm

版式二发行量：83.47万版

3全　　　　　　　　　　　　　　　　　18.00元

注：另制作长卷邮票折。成品规格为200mm×90mm，
　　面值为8.90元。全张邮票折设计者为李德福，印章
　　篆刻者为王兴家，发行量为10万本。

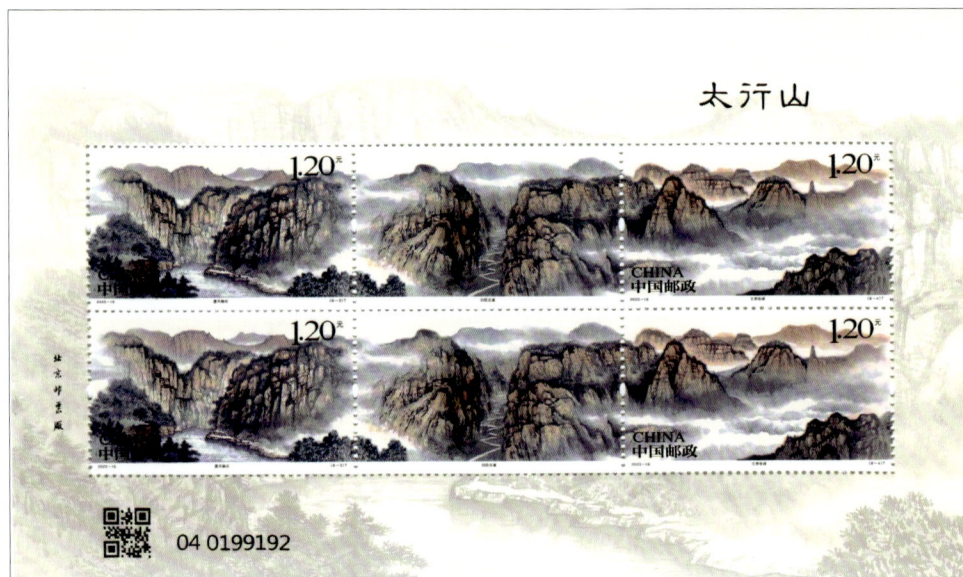

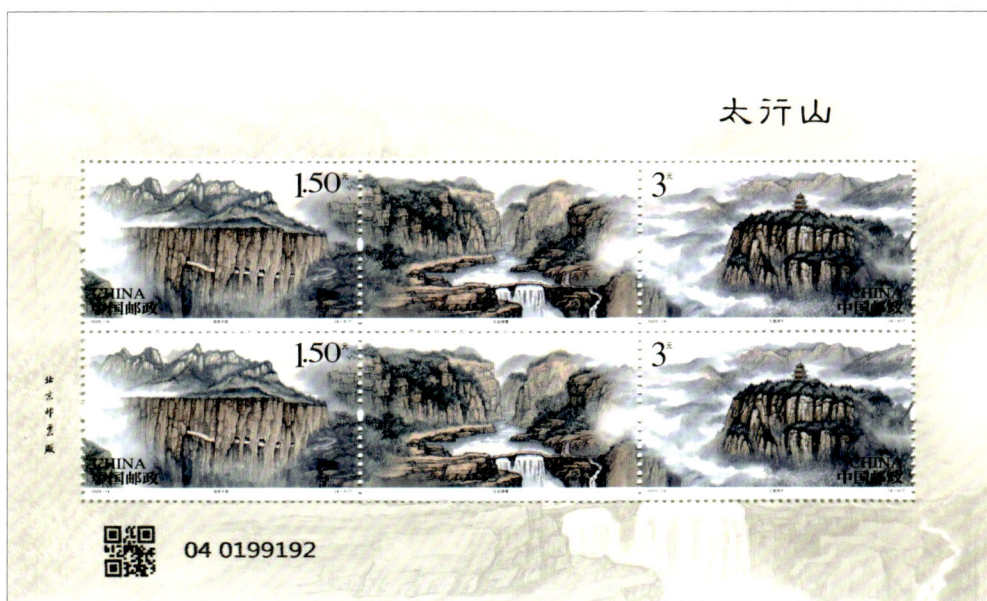

2023-17 "一带一路"倡议提出十周年（T）

2023-17 The Tenth Anniversary of the Belt and Road Initiative（T）

2023-09-07　影写版　13 度

50mm×30mm

版式一：12 枚（3×4）

版式一规格：180mm×160mm

（1-1）J 1.20 元　　"一带一路"倡议提出十周年

704.31 万枚

1 全　　　　　　　　　　　　　1.20 元

资料提供：舒勇、汉华易美视觉科技有限公司

设计者：董琪

责任编辑：温文雅

防伪方式：防伪纸张 防伪油墨 异形齿孔 荧光喷码

印刷厂：北京邮票厂有限公司

版式二：8 枚

版式二规格：230mm×120mm

版式二发行量：83.96 万版

1 全　　　　　　　　　　　　　9.60 元

注：另与香港邮政、澳门邮电共同印制同题材三地小本票 1 本，内含中国邮政邮票 4 枚，香港邮政、澳门邮电小型张各 1 枚，成品规格为 146mm×90mm，邮票版别为胶版，小本票设计者为邵新，印制厂为河南省邮电科技有限公司，售价为 28 元，发行量为 10 万本（不含港澳地区）。

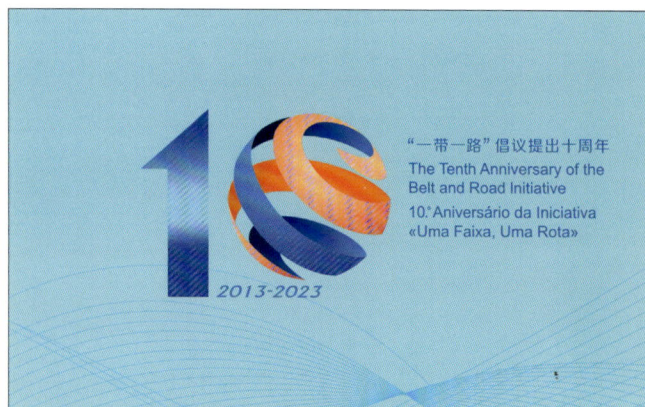

2023-18　风筝（三）（T）
2023-18　Kites（3rd Series）（T）

2023-09-09　影写版　13.5 度

30mm×50mm

整张枚数：16 枚（一图、二图各 8 枚 / 张，三图、四图
　　　　　各 8 枚 / 张）

整张规格：150mm×240mm

（4-1）T 1.20 元　金玉满堂	694.26 万枚
（4-2）T 1.20 元　瑞狮如意	694.26 万枚
（4-3）T 1.20 元　仙鹤童子	694.26 万枚
（4-4）T 1.20 元　葫芦万代	694.26 万枚
4 全	4.80 元

设计者：沈嘉宏

责任编辑：闫瑾

防伪方式：防伪纸张 防伪油墨 异形齿孔 荧光喷码

印刷厂：北京邮票厂有限公司

2023-19　杭州第 19 届亚洲运动会（J）
2023-19　19th Asian Games Hangzhou（J）

2023-09-23　影胶套印　13×13.5 度

40mm×30mm

版式一：12 枚（4×3）

版式一规格：190mm×130mm

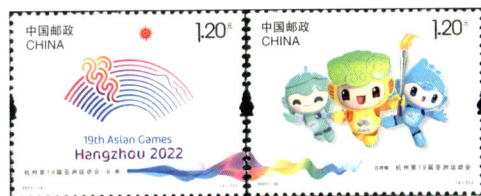

（2-1）J 1.20 元　会徽	774.13 万枚
（2-2）J 1.20 元　吉祥物	774.13 万枚
2 全	2.40 元

资料提供：2022 年第 19 届亚运会组委会

设计者：邵立辰

责任编辑：李金薇

防伪方式：防伪纸张 防伪油墨 异形齿孔 荧光喷码

印刷厂：北京邮票厂有限公司

版式二：8 枚（4 套，绢质品种）

版式二规格：120mm×186mm

版式二发行量：88.46 万版

版式二版别：胶版

| 　1 全 | 9.60 元 |

04 0147600

2023-20　药用植物（三）（T）
2023-20　Medicinal Herbs（3rd Series）（T）

2023-10-11　影写版（采用香味油墨）　13.5 度

30mm×40mm

整张枚数：12 枚（一图、二图、三图各 4 枚 / 张，四

　　　　　图、五图、六图各 4 枚 / 张）

整张规格：150mm×160mm

（6-1）T 80 分　黄花蒿　　　　　606.21 万枚

（6-2）T 80 分　忍冬　　　　　　606.21 万枚

（6-3）T 1.20 元　三七　　　　　606.21 万枚

（6-4）T 1.20 元　白术　　　　　606.21 万枚

（6-5）T 1.20 元　连翘　　　　　606.21 万枚

（6-6）T 1.20 元　红花　　　　　606.21 万枚

　6 全　　　　　　　　　　　　　6.40 元

设计者：余天一

责任编辑：何金梅

防伪方式：防伪纸张 防伪油墨 异形齿孔 荧光喷码

印刷厂：北京邮票厂有限公司

2023-21　国家考古遗址公园（T）
2023-21　National Archaeological Site Park（T）

2023-10-17　胶雕套印　13 度

50mm×30mm

整张枚数：12 枚（3×4）

整张规格：186mm×156mm

（4-1）T 1.20 元　良渚国家考古遗址公园　698.80 万枚

（4-2）T 1.20 元　陶寺国家考古遗址公园　698.80 万枚

（4-3）T 1.20 元　石峁国家考古遗址公园　698.80 万枚

（4-4）T 1.20 元　二里头国家考古遗址公园 698.80 万枚

　4 全　　　　　　　　　　　　　4.80 元

资料提供：良渚国家考古遗址公园、

　　　　　陶寺国家考古遗址公园、

石峁国家考古遗址公园、

二里头国家考古遗址公园、

中国社会科学院考古研究所

设计者：王虎鸣

雕刻者：原艺珊、刘明慧

责任编辑：干止戈

防伪方式：防伪纸张 防伪油墨 异形齿孔 荧光喷码

印刷厂：北京邮票厂有限公司

2023-22　世界上第一株杂交水稻培育成功五十周年（J）

2023-22　The 50th Anniversary of the Successful Breeding of the World's First Hybrid Rice（J）

2023-10-25　胶雕套印（采用局部压凸工艺）　13.5 度

33mm×44mm

整张枚数：12 枚（4×3）

整张规格：172mm×172mm

（1-1）　J 1.20 元　世界上第一株杂交水稻培育成功五十周年　670.44 万枚

1 全　　　　　　　　　　　　　　　　　　1.20 元

设计者：陈楠

雕刻者：杨志英

责任编辑：王静

防伪方式：防伪纸张 防伪油墨 异形齿孔 荧光喷码

印刷厂：北京邮票厂有限公司

2023-23　科技创新（四）（J）

2023-23　Innovation in Science and Technology（4th Series）（J）

2023-11-01　胶版　13 度

40mm×30mm

整张枚数：12 枚（4×3）

整张规格：190mm×130mm

（5-1）　J 1.20 元　人工合成淀粉　696.62 万枚

（5-2）　J 1.20 元　多年生稻　696.62 万枚

（5-3）　J 1.20 元　"祝融号"火星车　696.62 万枚

（5-4）　J 1.50 元　夸父一号　696.62 万枚

（5-5）　J 1.50 元　高海拔宇宙线观测站　696.62 万枚

5 全　　　　　　　　　　　　　　　　　　6.60 元

设计者：杜钰凯

责任编辑：温文雅

防伪方式：防伪纸张 防伪油墨 异形齿孔 荧光喷码

印刷厂：北京邮票厂有限公司

2023-24　中国古代文学家（五）（J）

2023-24　Writers of Ancient China（5th Series）（J）

2023-11-08　影写版　13.5 度

30mm×40mm

整张枚数：12 枚（4×3）

整张规格：158mm×157mm

（5-1）　J 1.20 元　欧阳修　　　　737.40 万枚

（5-2）　J 1.20 元　苏轼　　　　　737.40 万枚

（5-3）　J 1.20 元　李清照　　　　737.40 万枚

（5-4）　J 1.20 元　陆游　　　　　737.40 万枚

（5-5）　J 1.20 元　辛弃疾　　　　737.40 万枚

　　5 全　　　　　　　　　　　　6.00 元

设计者：马振声

责任编辑：王儃薇

防伪方式：防伪纸张 防伪油墨 异形齿孔 荧光喷码

印刷厂：北京邮票厂有限公司

2023-25　长江三角洲区域一体化发展（T）
2023-25　Regional Integrated Development of the Yangtze River Delta（T）

2023-12-01　影写版　13.5 度

30mm×40mm

整张枚数：12 枚（4×3）

整张规格：150mm×160mm

（4-1）　T 1.20 元　科创产业融合发展　716.70 万枚

（4-2）　T 1.20 元　生态环境共保联治　716.70 万枚

（4-3）　T 1.20 元　公共服务便利共享　716.70 万枚

（4-4）　T 1.20 元　高水平协同开放　716.70 万枚

　　4 全　　　　　　　　　　　　4.80 元

设计者：宋鉴

责任编辑：何金梅

防伪方式：防伪纸张 防伪油墨 异形齿孔 荧光喷码

印刷厂：北京邮票厂有限公司

2023-26　纪念毛泽东同志诞辰 130 周年（J）
2023-26　The 130th Anniversary of the Birth of Comrade Mao Zedong（J）

2023-12-26　影写版　13×13.5 度

34mm×50mm

版式一：12 枚（4×3）

版式一规格：184mm×202mm

（4-1）　J 1.20 元　坚持抗战　　　　779.31 万枚

（4-2）　J 1.20 元　建设十三陵水库　779.31 万枚

（4-3）　J 1.20 元　胸怀天下　　　　779.31 万枚

（4-4）　J 1.20 元　重上井冈山　　　779.31 万枚

　　4 全　　　　　　　　　　　　4.80 元

设计者：马刚、靳军

责任编辑：干止戈

防伪方式：防伪纸张 防伪油墨 异形齿孔 荧光喷码

印刷厂：北京邮票厂有限公司

版式二：8 枚（2 套）

版式二规格：214mm×150mm

版式二发行量：97.98 万版

　　1 全　　　　　　　　　　　　9.60 元

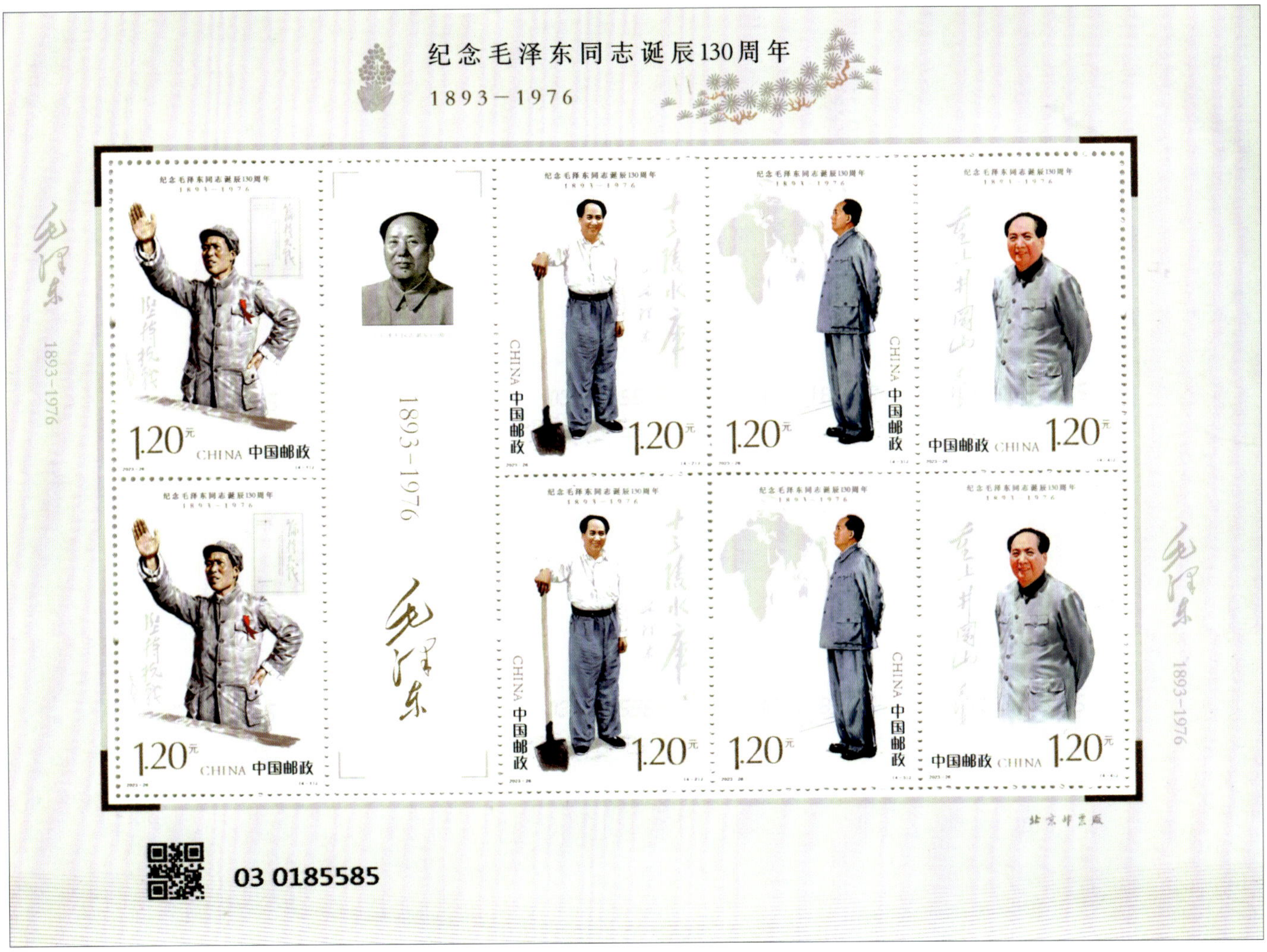
纪念毛泽东同志诞辰130周年
1893—1976
1.20元
CHINA 中国邮政
03 0185585

2023-27　世界文化遗产 —— 平遥古城（T）

2023-27　Cultural World Heritage: Ancient City of Pingyao（T）

2023-12-03　影写版　13×13.5 度

38mm×50mm

整张枚数：12 枚（4×3）

整张规格：182mm×190mm

（3-1）	T 1.20 元	迎薰门	716.79 万枚
（3-2）	T 1.20 元	南大街	716.79 万枚
（3-3）	T 1.20 元	日昇昌旧址	716.79 万枚

　3 全　　　　　　　　　　　　　　　3.60 元

设计者：阎炳武、容铁

责任编辑：李金薇

防伪方式：防伪纸张 防伪油墨 异形齿孔 荧光喷码

印刷厂：北京邮票厂有限公司

2023-27M　世界文化遗产 —— 平遥古城（小全张）（T）

2023-27M　Cultural World Heritage: Ancient City of Pingyao（Miniature Sheet）（T）

2023-12-03　影写版　13×13.5 度

小全张规格：174mm×90mm

3.60 元　世界文化遗产——平遥古城　　　576.60 万枚

售价：5.40 元

　1 全　　　　　　　　　　　　　　　5.40 元

设计者：阎炳武、容铁

责任编辑：李金薇

防伪方式：防伪纸张 防伪油墨 异形齿孔 荧光喷码

印刷厂：北京邮票厂有限公司

2024 年

2024-1　甲辰年（T）
2024-1　JiaChen Year（T）

2024-01-05　胶雕套印　13 度

36mm×36mm

版式一：16 枚（4×4）

版式一规格：168mm×196mm

（2-1）	T 1.20 元　天龙行健	2993.02 万枚
（2-2）	T 1.20 元　辰龙献瑞	2993.02 万枚

2 全　　　　　　　　　　　　　　　　2.40 元

防伪方式：防伪纸张 防伪油墨 异形齿孔 荧光喷码

设计者：王虎鸣

雕刻者：刘明慧、原艺珊

边饰文字作者：俞国林

责任编辑：王静

印制厂：北京邮票厂有限公司

版式二：6 枚

版式二规格：128mm×180mm

版式二发行量：180 万版

2 全　　　　　　　　　　　　　　　　7.20 元

版式三：4 枚（2 套）

版式三规格：120mm×160mm

版式三发行量：520 万版

版式三对联作者：常江

1 全　　　　　　　　　　　　　　　　4.80 元

注：版式三为 2019 年纪特邮票全额交款预订户赠品。

66 016

66 020

MHKM-1　甲辰年（三地小全张）
MHKM-1　JiaChen Year
胶雕套印（采用局部烫印工艺）

成品规格：206mm×200mm

印制厂：河南省邮电科技有限公司

邮折售价：52元

发行量：60万枚（不含香港、澳门特别行政区）

注：中国邮政与香港邮政、澳门邮电共同印制同题材三地
　　小全张1枚，内含中国邮政邮票4枚（2套，无齿孔），
　　香港邮政、澳门邮电邮票各4枚。

2024-2　中国红十字会成立一百二十周年（J）
2024-2　120th anniversary of the establishment of the Chinese Red Cross Society（J）
2024-03-10　胶雕套印（采用局部烫印工艺）　13度

40mm×30mm

整张枚数：12枚

整张规格：190mm×150mm

（1-1）　J 1.20元　中国红十字会成立一百二十周年

699.42万枚

1全　　　　　　　　　　　　1.20元

防伪方式：防伪纸张 防伪油墨 异形齿孔 荧光喷码

设计者：夏竞秋

资料提供：中国红十字会总会

责任编辑：李金薇

印制厂：北京邮票厂有限公司

2024-3　中国篆刻（二）（T）
2024-3　Chinese Seal Carving (II) (T)

2024-03-20　胶版（版式一采用局部压凸工艺）

13.5×13 度

30mm×60mm

版式一：12 枚

版式一规格：150mm×215mm

（4-1）　T 1.20 元　琴罢倚松玩鹤·文彭　　695.57 万枚

（4-2）　T 1.20 元　笑谈间气吐霓虹·何震　　695.57 万枚

（4-3）　T 1.20 元　子孙非我有 委蜕而已矣·汪关

695.57 万枚

（4-4）　T 1.20 元　但看花开谢 不言人是非·程邃

695.57 万枚

4 全　　　　　　　　　　　　　4.80 元

防伪方式：防伪纸张 防伪油墨 异形齿孔 荧光喷码

设计者：容铁

资料提供：西泠印社社务委员会、上海博物馆、
　　　　　　安徽博物院（安徽省文物鉴定站）

责任编辑：温文雅

印制厂：北京邮票厂有限公司

版式二：8 枚（2 套，宣纸品种）

版式二规格：200mm×150mm

版式二发行量：89.99 万版

1 全　　　　　　　　　　　　9.60 元

2024-4　世界自然遗产 —— 澄江化石地（T）

2024-4　World Natural Heritage — Chengjiang Fossil Site（T）

2024-04-18　胶版（采用局部压凸工艺）　13×13.5 度

44mm×33mm

整张枚数：12 枚（4 套）

整张规格：213mm×246mm

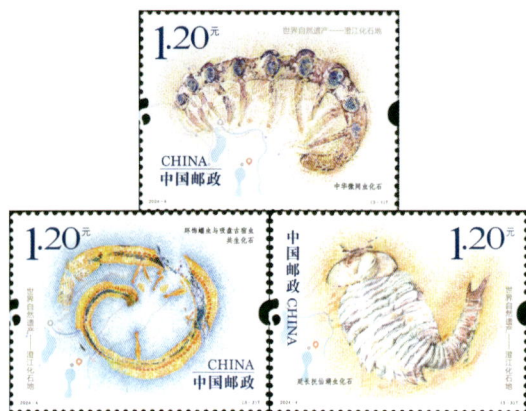

（3-1）　T 1.20 元　中华微网虫化石　　　　　586.51 万枚

（3-2）　T 1.20 元　环饰蠕虫与吸盘古宿虫共生化石

　　　　　　　　　　　　　　　　　　　　　586.51 万枚

（3-3）　T 1.20 元　延长抚仙湖虫化石　　　　586.51 万枚

　3 全　　　　　　　　　　　　　　　　　　　3.60 元

防伪方式：防伪纸张 防伪油墨 异形齿孔 荧光喷码

设计者：王昱珩、原艺珊

资料提供：侯先光、马晓娅

责任编辑：王僡薇

印制厂：北京邮票厂有限公司

2024-5　中国船舶工业（二）（T）

2024-5　China Shipbuilding Industry (II)（T）

2024-04-23　胶版　13 度

50mm×30mm

版式一：16 枚

版式一规格：240mm×150mm

（4-1）　T 1.20 元　航空母舰——山东舰　　　736.37 万枚

（4-2）　T 1.20 元　055 驱逐舰　　　　　　　736.37 万枚

（4-3）　T 1.20 元　中国首制大型邮轮　　　　736.37 万枚

（4-4）　T 1.20 元　全球首款 23000TEU 双燃料动力集装
　　　　　　　　　箱船　　　　　　　　　　 736.37 万枚

　4 全　　　　　　　　　　　　　　　　　　　4.80 元

防伪方式：防伪纸张 防伪油墨 异形齿孔 荧光喷码

设计者：沈嘉宏

资料提供：中国船舶集团有限公司

责任编辑：干止戈

印制厂：北京邮票厂有限公司

版式二：8 枚（2 套）

版式二规格：236mm×126mm

版式二发行量：89.88 万版

1 全   9.60 元

2024-6　苏州工业园区（T）
2024-6　Suzhou industrial park（T）

2024-06-10　胶版　13×13.5 度

50mm×38mm

整张枚数：12 枚

整张规格：190mm×225mm

（1-1）　T 1.20 元　苏州工业园区   687.94 万枚

1 全   1.20 元

防伪方式：防伪纸张 防伪油墨 异形齿孔 荧光喷码

设计者：李德

责任编辑：刘健

印制厂：北京邮票厂有限公司

2024-7　博物馆建设（二）（T）
2024-7　Museum Construction (II)（T）

2024-05-18　胶雕套印　13 度

50mm×30mm　（附票规格：20mm×30mm）

整张枚数：12 枚

整张规格：165mm×240mm

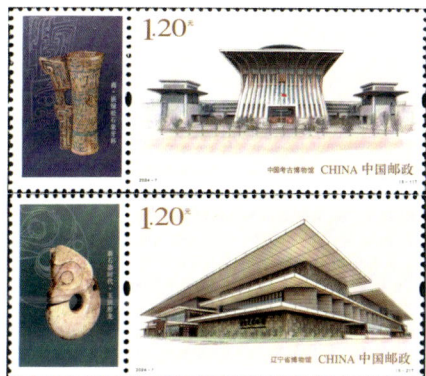

（5-1）　T 1.20 元　中国考古博物馆（附票：商·嵌绿松
石象牙杯）　665.91 万枚

（5-2）　T 1.20 元　辽宁省博物馆（附票：新石器时代·玉
玦形龙）　665.91 万枚

（5-3）　T 1.20 元　湖北省博物馆（附票：元·青花四爱
图梅瓶）　665.91 万枚

（5-4）　T 1.20 元　湖南博物院（附票：商·皿方罍）
665.91 万枚

（5-5）　T 1.20 元　三星堆博物馆（附票：商·铜扭头跪
坐人像）　665.91 万枚

5 全   6.00 元

防伪方式：防伪纸张 防伪油墨 异形齿孔 荧光喷码

设计者：郝欧

雕刻者：李昊、徐喆、尹晓飞、杨志英 、郝欧

资料提供：中国历史研究院、中国考古博物馆、
辽宁省博物馆、湖北省博物馆、
湖南博物院、三星堆博物馆

责任编辑：王静

印制厂：北京邮票厂有限公司

2024-8　越剧（T）
2024-8　Shaoxing opera（T）

2024-05-20　胶版　13.5 度

30mm×40mm

整张枚数：12 枚

整张规格：150mm×190mm

（3-1）　T 1.20 元　梁山伯与祝英台　　　　667.51 万枚

（3-2）　T 1.20 元　九斤姑娘　　　　　　　667.51 万枚

（3-3）　T 1.20 元　陆游与唐琬　　　　　　667.51 万枚

　　　　3 全　　　　　　　　　　　　　　　3.60 元

防伪方式：防伪纸张 防伪油墨 异形齿孔 荧光喷码

设计者：丁筱芳、丁阳

版张边饰设计：夏竞秋

责任编辑：温文雅

印制厂：北京邮票厂有限公司

2024-9　巢湖（T）
2024-9　Chaohu Lake（T）

2024-05-25　胶版　13×13.5 度

50mm×28mm

整张枚数：12 枚

整张规格：230mm×150mm

（3-1）　T 1.20 元　云蒸姥山　　　　　　　656.19 万枚

（3-2）　T 1.20 元　湿地鸟鸣　　　　　　　656.19 万枚

（3-3）　T 1.20 元　城湖共生　　　　　　　656.19 万枚

　　　　3 全　　　　　　　　　　　　　　　3.60 元

防伪方式：防伪纸张 防伪油墨 异形齿孔 荧光喷码

设计者：丁寺钟

责任编辑：干止戈

印制厂：北京邮票厂有限公司

2024-10　动画 ——《阿凡提的故事》（T）
2024-10　Animation — The Story of Avanti（T）

2024-06-01　胶雕套印　13 度

44mm×33mm

整张枚数：10 枚（2 套，连印）

整张规格：156mm×168mm

（5-1）　T 80 分　卖树荫　　　　　　　　577.96 万枚

（5-2）　T 80 分　兔送信　　　　　　　　577.96 万枚

（5-3）　T 1.20 元　神医　　　　　　　　577.96 万枚

（5-4）　T 1.20 元　宝驴　　　　　　　　577.96 万枚

（5-5）　T 1.20 元　种金子　　　　　　　577.96 万枚

　　　　5 全　　　　　　　　　　　　　　　5.20 元

防伪方式：防伪纸张 防伪油墨 异形齿孔 荧光喷码

设计者：原艺珊

资料提供：上海美术电影制片厂有限公司 、

　　　　　上影元（上海）文化科技发展有限公司

责任编辑：刘健

印制厂：北京邮票厂有限公司

2024-11　中马建交五十周年（J）

2024-11　The 50th anniversary of the establishment of diplomatic relations between China and Malaysia（J）

2024-05-31　胶版　13.5 度

30mm×40mm

整张枚数：12 枚

整张规格：150mm×160mm

（2-1）	J 1.20 元	松树		660.80 万枚
（2-2）	J 1.20 元	印茄树		660.80 万枚

　2 全　　　　　　　　　　　　　　　　2.40 元

防伪方式：防伪纸张 防伪油墨 异形齿孔 荧光喷码

设计者：马锋辉

责任编辑：王静

印制厂：北京邮票厂有限公司

2024-12　秦岭（T）

2024-12　Qinling Mountains（T）

2024-06-15　胶版　13.5×13 度

60mm×42mm

版式一：9 枚（1 套）

版式一规格：230mm×176mm

（9-1）	T 1.20 元	迭山横岭	588.00 万枚
（9-2）	T 1.20 元	紫柏天坛	588.00 万枚
（9-3）	T 1.20 元	周秦故里	588.00 万枚
（9-4）	T 1.20 元	太白积雪	588.00 万枚
（9-5）	T 1.20 元	终南福地	588.00 万枚
（9-6）	T 1.20 元	冰晶石海	588.00 万枚
（9-7）	T 1.50 元	牛背叠秀	588.00 万枚
（9-8）	T 1.50 元	西岳奇险	588.00 万枚
（9-9）	T 3 元	金顶增辉	588.00 万枚

　9 全　　　　　　　　　　　　　　　13.20 元

防伪方式：防伪纸张 防伪油墨 异形齿孔 荧光喷码

设计者：程向军

责任编辑：干止戈

印制厂：北京邮票厂有限公司

09 0209343

版式二：6 枚（一图至三图各 2 枚／张，四图至六图各 2

　　　　　枚／张，七图至九图各 2 枚／张）

版式二规格：220mm×160mm

版式二发行量：89.96 万版

　3 全　　　　　　　　　　　　　　　　27.00 元

注：另制作长卷邮票折。成品规格为 210mm×110mm，总

　　面值为 13.20 元。长卷邮票折设计者为程向军，印制厂

　　为河南省邮电科技有限公司，发行量为 12 万本。

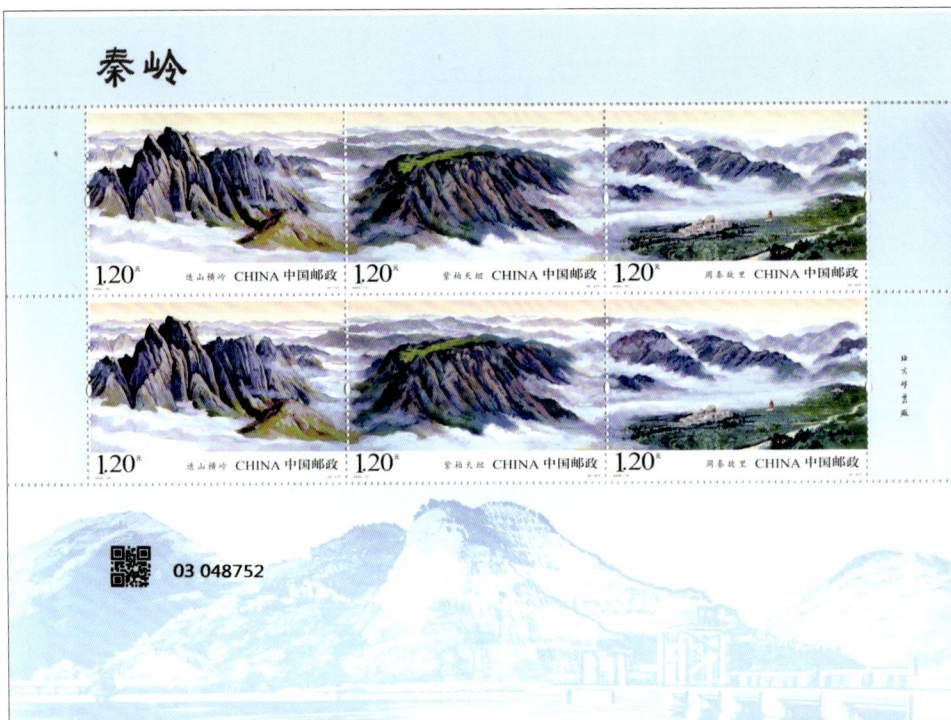

03 048752

2024-13　纪念黄埔军校建校一百周年（J）

2024-13　Commemorating the 100th anniversary of the founding of Huangpu Military Academy（J）

2024-06-16　胶雕套印　13 度

50mm×30mm

整张枚数：12 枚

整张规格：190mm×165mm

（2-1）　J 1.20 元　黄埔军校校本部　　　664.07 万枚

（2-2）　J 1.20 元　孙中山纪念室和纪念碑　664.07 万枚

　　2 全　　　　　　　　　　　　　　　2.40 元

防伪方式：防伪纸张 防伪油墨 异形齿孔 荧光喷码

设计者：夏竞秋

雕刻者：徐喆、刘明慧

责任编辑：刘健

印制厂：北京邮票厂有限公司

2024-14　封神演义（一）（T）

2024-14　Investiture of the Gods（I）（T）

2024-07-13　胶版　13 度

40mm×54mm

版式一：16 枚

版式一规格：190mm×256mm

（4-1）　T 1.20 元　苏妲己进宫　　684.52 万枚

（4-2）　T 1.20 元　雷震子救父　　684.52 万枚

（4-3）　T 1.20 元　周文王访贤　　684.52 万枚

（4-4）　T 1.50 元　武成王反商　　684.52 万枚

　　4 全　　　　　　　　　　　　5.10 元

防伪方式：防伪纸张 防伪油墨 异形齿孔 荧光喷码

设计者：边凯、王亿萌、彭楚月

责任编辑：王静

印制厂：北京邮票厂有限公司

版式二：8 枚（2 套）

版式二规格：194mm×180mm

版式二边饰设计者：王京陶、王相洁

版式二发行量：83.14 万版

　　1 全　　　　　　　　　　　10.20 元

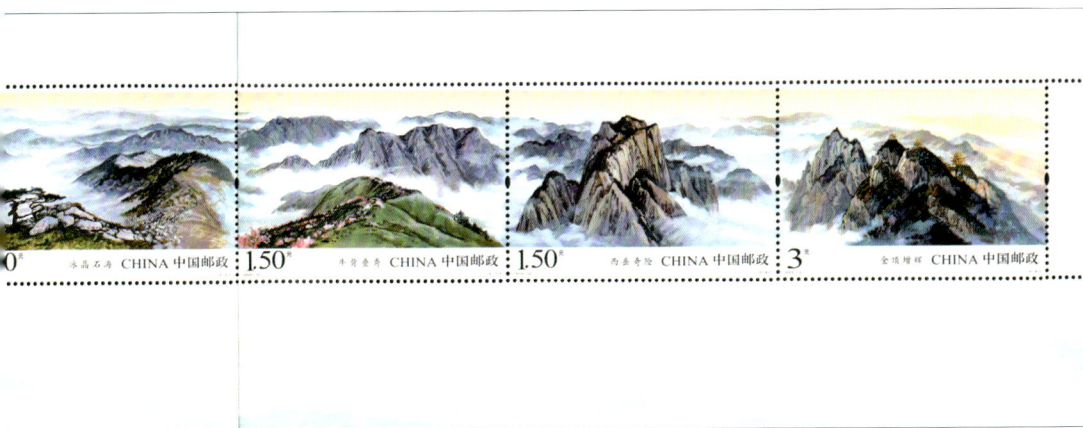

2024-14M　封神演义（一）（小型张）（T）

2024-14M　Investiture of the Gods（Ⅰ）
　　　　　　（Souvenir Sheet）（T）

2024-07-13　胶版　13度

小型张规格：110mm×110mm

邮票规格：77mm×55mm

（1-1）　6元　哪吒闹东海　　　　　　　530.01 万枚

　　1 全　　　　　　　　　　　　　　　6.00 元

防伪方式：防伪纸张 防伪油墨 异形齿孔 荧光喷码

设计者：边凯、王亿萌、彭楚月

责任编辑：王静

印制厂：北京邮票厂有限公司

2024-15   第三十三届奥林匹克运动会（J）

2024-15   The 33rd Olympic Games（J）

2024-07-26   胶版（采用局部烫印工艺）   13 度（一图）   13.5 度（二图）

40mm×30mm（一图）、30mm×40mm（二图）

整张枚数：12 枚

整张规格：160mm×160mm

（2-1）   J 1.20 元   游泳   624.70 万枚
（2-2）   J 1.20 元   攀岩   624.70 万枚
　　2 全   2.40 元

防伪方式：防伪纸张 防伪油墨 异形齿孔 荧光喷码

设计者：沈嘉宏、尚盈

责任编辑：刘健

印制厂：北京邮票厂有限公司

2024-16   莫高窟（二）（T）

2024-16   Mogao Grottoes (II)（T）

2024-08-03   胶版   13 度

38mm×50mm

整张枚数：12 枚

整张规格：190mm×230mm

（4-1）   T 1.20 元   北凉 弥勒菩萨像   616.49 万枚
（4-2）   T 1.20 元   唐 胁侍菩萨像   616.49 万枚
（4-3）   T 1.20 元   唐 天王像   616.49 万枚
（4-4）   T 1.20 元   唐 供养菩萨像   616.49 万枚
　　4 全   4.80 元

防伪方式：防伪纸张 防伪油墨 异形齿孔 荧光喷码

设计者：夏竞秋

摄影者：吴健、丁小胜

责任编辑：王静

印制厂：北京邮票厂有限公司

2024-16M   莫高窟（二）（小型张）（T）

2024-16M   Mogao Grottoes (II)（Souvenir Sheet）（T）

2024-08-03   胶版   13.5 度

（1-1）   6 元   隋 释迦佛一铺   529.70 万枚
　　1 全   6.00 元

小型张规格：150mm×84mm

邮票规格：60mm×50mm（异形）

防伪方式：防伪纸张 防伪油墨 异形齿孔 荧光喷码

设计者：马立航

摄影者：吴健、丁小胜

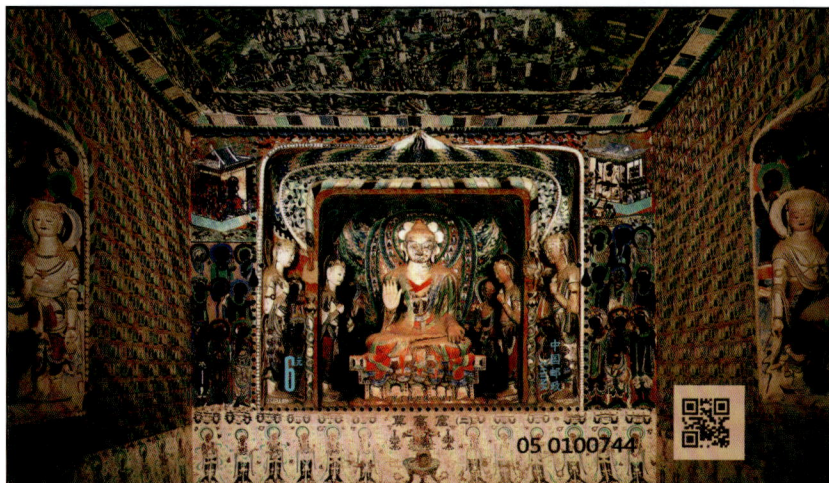

责任编辑：王静

印制厂：北京邮票厂有限公司

2024-17　当代美术作品选（三）（T）

2024-17　Contemporary Art Works Selection（Ⅲ）（T）

2024-08-09　胶雕套印（一图）、胶版（二图）、影写版（三图）　13×13.5 度

34mm×50mm

整张枚数：12 枚

整张规格：186mm×185mm

（3-1）	T 1.20 元	老雪凝千古	618.15 万枚
（3-2）	T 1.20 元	白云黄鹤	618.15 万枚
（3-3）	T 1.20 元	我的祖国·我的人民	618.15 万枚

　　3 全　　　　　　　　　　　　　　　3.60 元

防伪方式：防伪纸张 防伪油墨 异形齿孔 荧光喷码

设计者：邢文伟

原画作者：张仃（一图）

　　　　　周令钊、陈若菊（二图）

　　　　　黄永玉（三图）

雕刻者：刘明慧（一图）

责任编辑：李金薇

印制厂：北京邮票厂有限公司

2024-18　纪念邓小平同志诞辰 120 周年（J）

2024-18　Commemorating the 120th anniversary of the birth of Comrade Deng Xiaoping（J）

2024-08-22　影写版　13×13.5 度

34mm×50mm

版式一：12 枚

版式一规格：184mm×202mm

（4-1）	J 1.20 元	勤工俭学	696.80 万枚
（4-2）	J 1.20 元	戎马岁月	696.80 万枚
（4-3）	J 1.20 元	科学春天	696.80 万枚
（4-4）	J 1.20 元	改革开放	696.80 万枚

　　4 全　　　　　　　　　　　　　　　4.80 元

防伪方式：防伪纸张 防伪油墨 异形齿孔 荧光喷码

设计者：中央美术学院集体创作（执笔人包括林茂、孙聪、郝凝辉、张义波、徐家夫、夏理斌、蔡昊坤）

边饰设计者：李琳岚、罗允泽、韩瑾鸿

责任编辑：干止戈

印制厂：北京邮票厂有限公司

版式二：8 枚（2 套）

版式二规格：214mm×150mm

版式二发行量：87.99 万版

　　1 全　　　　　　　　　　　　　　　9.60 元

纪念邓小平同志诞辰120周年
1904—1997
邓小平
1904—1997
CHINA 中国邮政
1.20
03 0192279

2024-19　全国人民代表大会成立七十周年（J）

2024-19　70th anniversary of the founding of the National People's Congress（J）

2024-09-15　胶版（采用局部压凸工艺）　13.5 度

33mm×44mm

整张枚数：12 枚

整张规格：166mm×190mm

（2-1）　J 1.20 元　弘扬宪法精神

（2-2）　J 1.20 元　发展全过程人民民主

　　　　2 全　　　　　　　　　　　　　　2.40 元

防伪方式：防伪纸张 防伪油墨 异形齿孔 荧光喷码

设计者：清华大学美术学院集体创作（执笔人包括
　　　　陈磊、黄伊磊、邵文沁）

责任编辑：温文雅

印制厂：北京邮票厂有限公司

计划发行量：625 万套

2024-20　稻城亚丁（T）

2024-20　Inagi Aden（T）

2024-09-28　胶版（采用局部烫印工艺）（一图至三图）、胶雕套印（采用局部烫印工艺）（四图、小型张）　13×13.5 度

55mm×32mm

整张枚数：11 枚

整张规格：195mm×182mm

（4-1）　T 1.20 元　夏诺多吉

（4-2）　T 1.20 元　洛绒牛场

（4-3）　T 1.20 元　五色海

（4-4）　T 1.20 元　仙乃日

　　　　4 全　　　　　　　　　　　　　　4.80 元

防伪方式：防伪纸张 防伪油墨 异形齿孔 荧光喷码

设计者：王虎鸣

资料提供：尹庆华、中共稻城县委宣传部

责任编辑：温文雅

印制厂：河南省邮电科技有限公司

计划发行量：600 万套

2024-20M　稻城亚丁（小型张）（T）

2024-20M　Inagi Aden（Souvenir Sheet）（T）

2024-09-28　胶雕套印（采用局部烫印工艺）　13 度

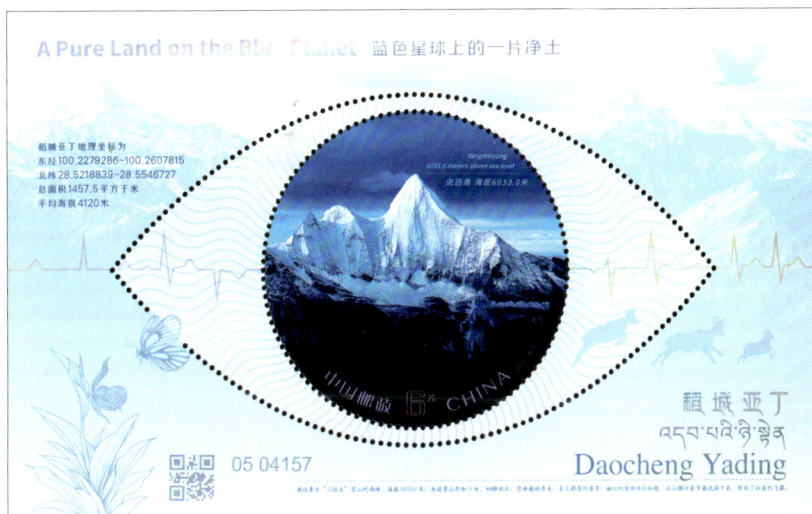

（1-1）　6 元　央迈勇

　　1 全　　　　　　　　　　　　　　　　　　　6.00 元

小型张规格：148mm×90mm

邮票规格：半径 27.5mm（圆形）

防伪方式：防伪纸张 防伪油墨 异形齿孔 荧光喷码

设计者：王虎鸣

资料提供：尹庆华、中共稻城县委宣传部

责任编辑：温文雅

印制厂：河南省邮电科技有限公司

计划发行量：500 万枚

2024-21　烈士纪念日（J）
2024-21　Martyrs' Day（J）

2024-09-30　胶雕套印　13 度

44mm×33mm

整张枚数：12 枚

整张规格：230mm×134mm

（1-1）　J 1.20 元　烈士纪念日

　　1 全　　　　　　　　　　　　　　　　　　　1.20 元

防伪方式：防伪纸张 防伪油墨 异形齿孔 荧光喷码

设计者：郝欧、于秋艳

雕刻者：郝欧

责任编辑：李金薇

印制厂：北京邮票厂有限公司

计划发行量：625 万套

2024-22　中国现代文学家（J）
2024-22　Chinese modern literary figure（J）

2024-10-15　胶版　13×13.5 度

50mm×38mm

整张枚数：16 枚（一图、二图各 8 枚 / 张，三图、四图
　　　　　各 8 枚 / 张，五图、六图各 8 枚 / 张）

整张规格：230mm×188mm

（6-1）　J 1.20 元　鲁迅

（6-2）　J 1.20 元　郭沫若

（6-3）　J 1.20 元　茅盾

（6-4）　J 1.20 元　巴金

（6-5）　J 1.20 元　老舍

（6-6）　J 1.20 元　曹禺

　　6 全　　　　　　　　　　　　　　　　　　　7.20 元

防伪方式：防伪纸张 防伪油墨 异形齿孔 荧光喷码

设计者：赵建成

资料提供：中国现代文学馆

责任编辑：刘健

印制厂：北京邮票厂有限公司

计划发行量：600 万套

2024-23　万国邮政联盟成立一百五十周年（J）
2024-23　150th anniversary of the establishment of the Universal Postal Union（J）

2024-10-09　胶版（采用局部烫印工艺）　13 度

50mm×30mm　（异形）

整张枚数：12 枚

整张规格：230mm×180mm

（1-1）　J 1.20 元　万国邮政联盟成立一百五十周年

　　1 全　　　　　　　　　　　　　　　1.20 元

防伪方式：防伪纸张 防伪油墨 异形齿孔 荧光喷码

设计者：蒋蔚

版张边饰设计：蒋蔚、马立航

责任编辑：温文雅

印制厂：北京邮票厂有限公司

计划发行量：600 万套

2024-24　中国海洋大学建校一百周年（J）
2024-24　100th Anniversary of the Founding of Ocean University of China（J）

2024-10-25　胶版　13 度

50mm×36mm

整张枚数：10 枚

整张规格：236mm×150mm

（1-1）　J 1.20 元　中国海洋大学建校一百周年

　　1 全　　　　　　　　　　　　　　　1.20 元

防伪方式：防伪纸张 防伪油墨 异形齿孔 荧光喷码

设计者：陈景异、夏竞秋

资料提供：中国海洋大学

责任编辑：李金薇

印制厂：北京邮票厂有限公司

计划发行量：615 万套

2024-25　中山大学建校一百周年（J）
2024-25　100th anniversary of the founding of Sun Yat sen University（J）

2024-11-12　影写版　13 度

44mm×33mm

整张枚数：10 枚

整张规格：166mm×209mm

（1-1）　J 1.20 元　中山大学建校一百周年

　　1 全　　　　　　　　　　　　　　　1.20 元

防伪方式：防伪纸张 防伪油墨 异形齿孔 荧光喷码

设计者：张强

资料提供：中山大学

责任编辑：干止戈

印制厂：北京邮票厂有限公司

计划发行量：615 万套

2024-26　中法建交六十周年（与法国联合发行）（J）
2024-26　60th Anniversary of the Establishment of Diplomatic Relations between China and France（China — Franc Joint Issue）（J）

2024-10-18　胶版　13 度

44mm×33mm

整张枚数：12 枚

整张规格：172mm×192mm

（2-1）　J 1.20 元　泰山
（2-2）　J 1.20 元　圣米歇尔山

　　2 全　　　　　　　　　　　　　　　2.40 元

防伪方式：防伪纸张 防伪油墨 异形齿孔 荧光喷码

设计者：王玉良、桑德琳·珊博（法国）

版张边饰设计：王虎鸣

版张边饰资料提供：王玉良、刘国庆

责任编辑：李金薇

印制厂：北京邮票厂有限公司

计划发行量：600 万套

2024-27　中国 2024 亚洲国际集邮展览（J）

2024-27　China 2024 Asia International Stamp Exhibition（J）

2024-11-29　胶版（采用局部烫印、起凸工艺）（一图）、胶版（采用局部烫印工艺）（二图）、胶版（香味油墨、热敏油墨）（三图）、胶雕套印（四图）13 度 50mm×30mm

整张枚数：10 枚

整张规格：196mm×170mm

（4-1）　J 1.20 元　鼎启新章

（4-2）　J 1.20 元　沪韵流光

（4-3）　J 1.20 元　邮梦未来

（4-4）　J 1.20 元　邮博古今

4 全　　　　　　　　　　　　　　　　　　4.80 元

防伪方式：防伪纸张 防伪油墨 异形齿孔 荧光喷码

邮票设计者：夏竞秋（一图）、王晨（二图）、
　　　　　　景绍宗（三图）、潘虎（四图）

资料提供：上海博物馆、中华全国集邮联合会、
　　　　　　上海绒绣洋泾传习所·黎辉公司

责任编辑：温文雅

印制厂：河南省邮电科技有限公司

计划发行量：639 万套

2024-27M　中国 2024 亚洲国际集邮展览（小型张）（J）

2024-27M　China 2024 Asia International Stamp Exhibition（Souvenir Sheet）（J）

2024-11-29　胶版（采用局部烫印工艺）　13×13.5 度

小型张规格：170mm×96mm

邮票规格：139mm×64.8mm　（异形）

（1-1）　6 元　浦江朝晖

1 全　　　　　　　　　　　　　　　　　　6.00 元

防伪方式：防伪纸张 防伪油墨 异形齿孔 荧光喷码

设计者：王虎鸣

资料提供：上海博物馆、中华全国集邮联合会、
　　　　　　上海绒绣洋泾传习所·黎辉公司

责任编辑：温文雅

印制厂：河南省邮电科技有限公司

计划发行量：525 万枚

注：为配合中国 2024 亚洲国际集邮展览活动，另制作《中国 2024 亚洲国际集邮展览》特殊工艺小型张 1 枚，面值 6 元。计划发行量为 11 万枚。小型张结合芯片技术，用带 NFC 功能的手机贴近东方明珠广播电视塔位置，可点亮"明珠"，并读取芯片信息。

中国2024亚洲国际集邮展览
CHINA 2024 ASIAN INTERNATIONAL STAMP EXHIBITION

浦江朝晖　CHINA 中国邮政 6元

03 0744907

中国2024亚洲国际集邮展览
CHINA 2024 ASIAN INTERNATIONAL STAMP EXHIBITION

浦江朝晖　CHINA 中国邮政 6元

01 072048

二、小本票
Stamp Booklet

SB（55）2018　戊戌年
SB（55）2018　WuXu Year

2018-01-05　胶雕套印　13 度

小本票枚数：10 枚

小本票规格：121mm×88mm

邮票规格：36mm×36mm

（1）12.00 元　　　　　　　　　　　　　　1019.74 万本

售价：12.00 元

　1 全　　　　　　　　　　　　　　　　　12.00 元

设计者：周令钊

小本票设计者：王虎鸣

雕刻者：原艺珊、刘明慧

责任编辑：王静

防伪方式：防伪纸张 防伪油墨 异形齿孔 荧光喷码

印制厂：北京邮票厂

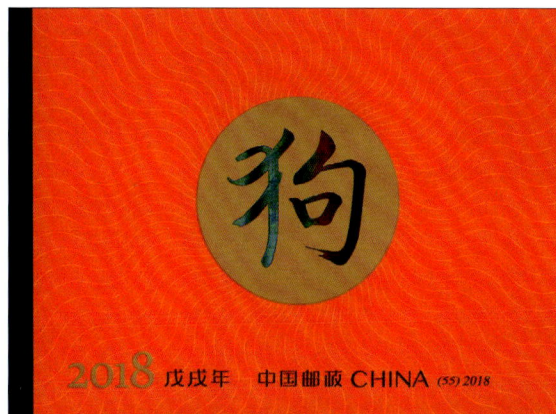

SB（56）2019　己亥年
SB（56）2019　Ji-Hai Year

2019-01-05　胶雕套印　13 度

小本票枚数：10 枚

小本票规格：121mm×88mm

邮票规格：36mm×36mm

（1）12.00 元　　　　　　　　　　　　　　849.80 万本

售价：12.00 元

　1 全　　　　　　　　　　　　　　　　　12.00 元

设计者：韩美林

小本票设计者：王虎鸣

雕刻者：董琪、徐喆

责任编辑：王静

防伪方式：防伪纸张 防伪油墨 异形齿孔 荧光喷码

印刷厂：北京邮票厂

SB（57）2020　庚子年

SB（57）2020　Geng-Zi Year

2020-01-05　胶雕套印　13 度

小本票枚数：10 枚

小本票规格：121mm×88mm

邮票规格：36mm×36mm

（1）　12.00 元　　　　　　　　　　　　659.93 万本

售价：12.00 元

　1 全　　　　　　　　　　　　　　　　12.00 元

设计者：韩美林

小本票设计者：王虎鸣

雕刻者：刘博

责任编辑：王静

防伪方式：防伪纸张 防伪油墨 异形齿孔 荧光喷码

印刷厂：北京邮票厂

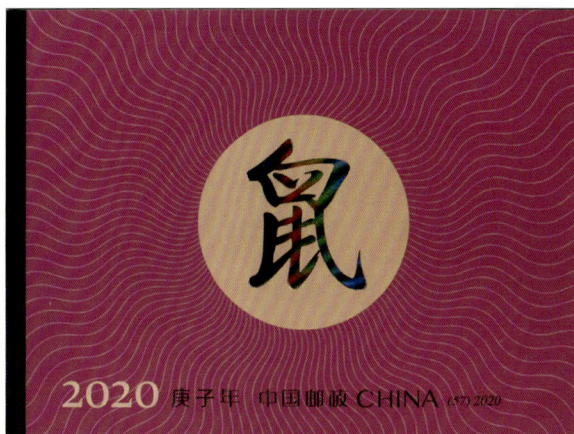

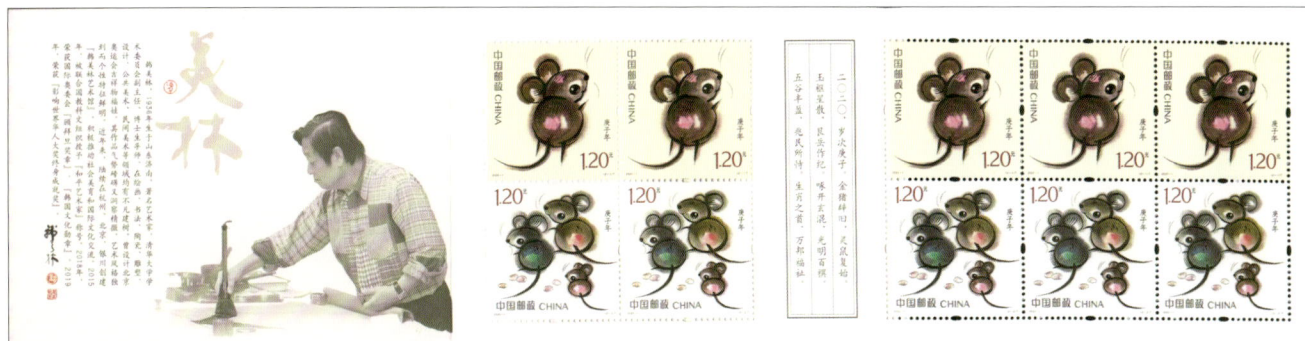

SB（58）2021　辛丑年
SB（58）2021　Xin-Chou Year

2021-01-05　胶雕套印　13 度

小本票枚数：10 枚

小本票规格：121mm×88mm

邮票规格：36mm×36mm

（1）12.00 元　　　　　　　　　629.51 万本

售价：12.00 元

　　1 全　　　　　　　　　　　12.00 元

设计者：姚钟华

小本票设计者：王虎鸣

雕刻者：刘博

责任编辑：王静

防伪方式：防伪纸张 防伪油墨 异形齿孔 荧光喷码

印刷厂：北京邮票厂

SB（59）2022　壬寅年
SB（59）2022　Ren-Yin Year

2022-01-05　胶雕套印　13 度

小本票枚数：10 枚

小本票规格：121mm×88mm

邮票规格：36mm×36mm

（1）12.00 元　　　　　　　　　479.8 万本

售价：16.00 元

　　1 全　　　　　　　　　　　16.00 元

设计者：冯大中

雕刻者：原艺珊、刘明慧

小本票设计者：王虎鸣

责任编辑：王静

防伪方式：防伪纸张 防伪油墨 异形齿孔 荧光喷码

印刷厂：北京邮票厂有限公司

SB（60）2023　癸卯年
SB（60）2023　Gui-Mao Year

2023-01-05　胶雕套印　13 度

小本票枚数：10 枚

小本票规格：121mm×88mm

邮票规格：36mm×36mm

（1）　12.00 元　　　　　　　　　479.72 万本

售价：16.00 元

　1 全　　　　　　　　　　　　　　16.00 元

小本票资料提供：瞿中华

设计者：黄永玉

小本票设计者：王虎鸣

雕刻者：郝欧、原艺珊

责任编辑：王静

防伪方式：防伪纸张 防伪油墨 异形齿孔 荧光喷码

印刷厂：北京邮票厂有限公司

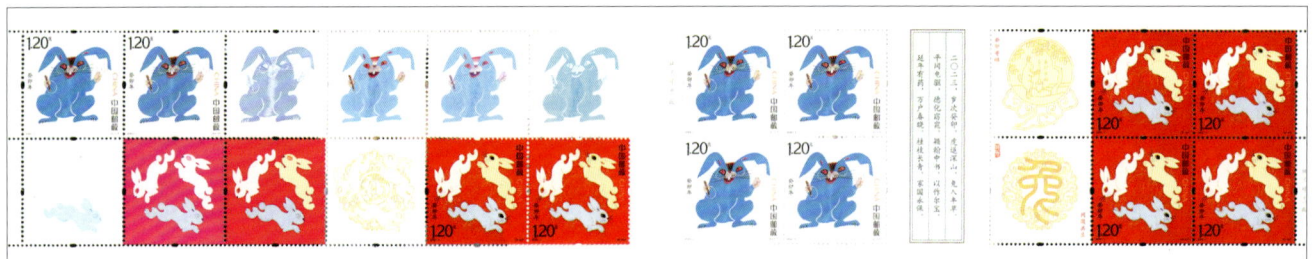

SB（61）2024　甲辰年
SB（61）2024　JiaChen Year

2024-01-05　胶雕套印　13 度

小本票枚数：10 枚

小本票规格：121mm×88mm

邮票规格：36mm×36mm

（1）　12.00 元　　　　　　　　　　　　　450 万本

售价：16.00 元

　1 全　　　　　　　　　　　　　　　　16.00 元

设计者：王虎鸣

雕刻者：刘明慧、原艺珊

责任编辑：王静

防伪方式：防伪纸张 防伪油墨 异形齿孔 荧光喷码

印刷厂：北京邮票厂有限公司

三、普通邮票
Regular Stamps

普 32　美丽中国（三）
R32　Beautiful China（III）

2021-05-19　影写版　13 度

40mm×30mm

整张枚数：25 枚（5×5）

整张规格：230mm×190mm

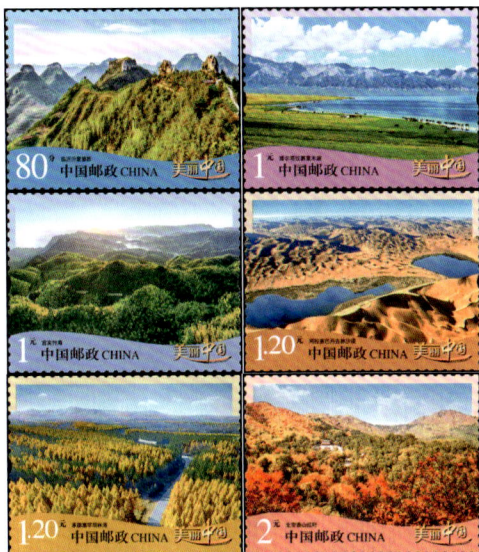

（6-1）　80 分　　临沂沂蒙崮群

（6-2）　1 元　　博尔塔拉赛里木湖

（6-3）　1 元　　宜宾竹海

（6-4）　1.20 元　阿拉善巴丹吉林沙漠

（6-5）　1.20 元　承德塞罕坝林海

（6-6）　2 元　　北京香山红叶

　6 全　　　　　　　　　　　　　　7.20 元

设计者：马立航

摄影者：王轩南、杨良其、龚雷、杨孝、王立群、
　　　　胡克鹏

责任编辑：陈静

防伪方式：防伪纸张 防伪油墨 微缩文字 异形齿孔
　　　　　荧光喷码

印刷厂：北京邮票厂有限公司

普 32　美丽中国（四）
R32　Beautiful China (IV)

2024-09-05　影写版　13 度

40mm×30mm

整张枚数：25 枚（5×5）

整张规格：230mm×190mm

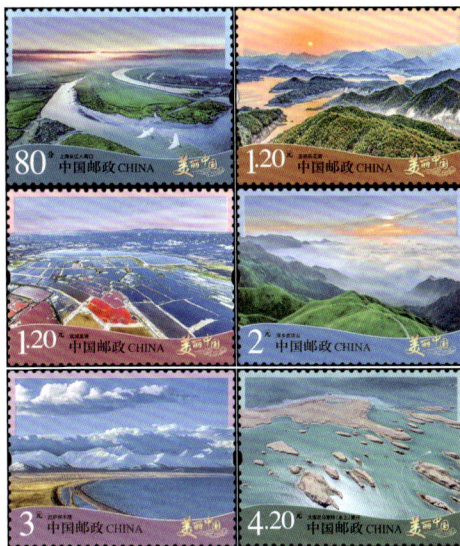

（6-1）　80 分　　上海长江入海口

（6-2）　1.20 元　吉林松花湖

（6-3）　1.20 元　运城盐湖

（6-4）　2 元　　萍乡武功山

（6-5）　3 元　　拉萨纳木措

（6-6）　4.20 元　大柴旦乌素特（水上）雅丹

　6 全　　　　　　　　　　　　　　12.40 元

防伪方式：防伪纸张 防伪油墨 异形齿孔 荧光喷码

设计者：马立航

摄影者：陆一、李伟、闫鑫、黎晓刚

资料提供：江西武功山旅游发展有限公司（"萍乡
　　　　　武功山"图）

责任编辑：王静

印制厂：北京邮票厂有限公司

四、个性化服务专用邮票
Special-Use Stamps for Individualized Services

个48　伟大历程
I48　Great Journey

2018-05-19　胶版　13.5 度

整张枚数：12 枚（3×4）

邮票规格：36mm×36mm

附票规格：36mm×36mm

整张规格：250mm×180mm

（1-1）1.20 元　伟大历程

　　1 全　　　　　　　　　　　　　　　　1.20 元

设计者：于雪

责任编辑：何金梅

防伪方式：防伪纸张 防伪油墨

印刷厂：北京邮票厂

注：附票带有"40""改革开放四十周年（1978—
　　2018）"等图案及文字。

个49　不忘初心 牢记使命
I49　Don't forget the original intention and
　　　keep the mission in mind

2018-07-01　胶版　13.5 度

整张枚数：12 枚（3×4）

邮票规格：36mm×36mm

附票规格：36mm×36mm

整张规格：250mm×180mm

（1-1）1.20 元　不忘初心 牢记使命

　　1 全　　　　　　　　　　　　　　　　1.20 元

设计者：李旻

责任编辑：董研

防伪方式：防伪纸张 防伪油墨

印刷厂：北京邮票厂

注：附票带有灯塔、高铁和火箭发射等图案。

个50　中国结
I50　Chinese Knot

2019-01-26　胶版　13.5 度

整张枚数：15 枚（3×5）

邮票规格：30mm×30mm

附票规格：30mm×30mm

整张规格：210mm×180mm

（1-1）　1.20 元　中国结

　　1 全　　　　　　　　　　　　　　　　1.20 元

设计者：余晓亮

责任编辑：温文雅

防伪方式：防伪纸张 防伪油墨

印刷厂：北京邮票厂

注：附票带有"福"字和吉祥图案。

个51　第 19 届亚洲运动会会徽
I51　Emblem of the 19th Asian Games

2019-05-18　胶版　13.5 度

整张枚数：15 枚（3×5）

邮票规格：30mm×30mm

附票规格：30mm×30mm

整张规格：210mm×180mm

（1-1）1.20 元　第 19 届亚洲运动会会徽

　　1 全　　　　　　　　　　　　　　　　1.20 元

资料提供：2022 年第 19 届亚运会组委会办公室

设计者：马立航

责任编辑：干止戈

防伪方式：防伪纸张 防伪油墨

印刷厂：北京邮票厂

注：附票带有杭州第19届亚洲运动会主场馆等图案。

个52   北京 2022 年冬奥会会徽和冬残奥会会徽
I52   Emblem of Beijing 2022 Winter Olympic Games and Winter Paralympic Games

2019-12-07   胶版   12 度

整张枚数：12 枚

邮票规格：边长 14.92mm （正八边形，为便于使用，邮票外加规格为 36mm×36mm 的齿孔）

附票规格：边长 14.92mm （正八边形，为便于使用，邮票外加规格为 36mm×36mm 的齿孔）

整张规格：250mm×180mm

（2-1）1.20 元   北京 2022 年冬奥会会徽

（2-2）1.20 元   北京 2022 年冬残奥会会徽

　　2 全　　　　　　　　　　　　　　　　2.40 元

资料提供：北京 2022 年冬奥会和冬残奥会组织委员会

设计者：邢文伟、于雪

责任编辑：干止戈

防伪方式：防伪纸张 防伪油墨

印刷厂：北京邮票厂

注：附票带有"北京 2022 年冬奥会和冬残奥会志愿者"标志和文字。

个53   清华大学
I53   Tsinghua University

2021-04-24   胶版（邮票，香味油墨）胶雕套印（附票）   13.5 度

整张枚数：15 枚（3×5）

邮票规格：30mm×30mm

附票规格：30mm×30mm

整张规格：210mm×195mm

（1-1）1.20 元   清华大学

　　1 全　　　　　　　　　　　　　　　　1.20 元

资料提供：清华大学

设计者：陈楠、李杨帆、吕游

版张设计者：陈楠

责任编辑：何金梅

防伪方式：防伪纸张 防伪油墨

印刷厂：北京邮票厂有限公司

注：同时发行附票带有"清华大学建校一百一十周年"专用标志和文字等图案的个性化服务专用邮票（整张枚数为 15 枚）。

个54   中国共产党成立 100 周年庆祝活动标识
I54   Logo of the 100th Anniversary of the Founding of the Communist Party of China

2021-07-01   胶版   13.5 度

整张枚数：12 枚（3×4）

邮票规格：36mm×36mm

附票规格：36mm×36mm

（1-1）1.20 元   中国共产党成立 100 周年庆祝活动标识

　　1 全　　　　　　　　　　　　　　　　1.20 元

资料提供：中国共产党历史展览馆

设计者：史渊

责任编辑：李金薇

防伪方式：防伪纸张 防伪油墨

印刷厂：北京邮票厂有限公司

注：同时发行附票带有"长城颂"（局部）图案的个性
　　化服务专用邮票（整张枚数为 12 枚，整张规格为
　　250mm×180mm ）。

个 55　北京协和医院
I55　　Peking Union Medical College Hospital

2021-09-15　胶版　13.5 度

整张枚数：15 枚（3×5）

邮票规格：30mm×30mm

附票规格：30mm×30mm

（1-1）　1.20 元　北京协和医院

　　1 全　　　　　　　　　　　　　　　　　1.20 元

资料提供：中国医学科学院、北京协和医院

设计者：陈楠

责任编辑：王悳蕤

防伪方式：防伪纸张 防伪油墨

印刷厂：北京邮票厂有限公司

注：同时发行附票带有北京协和医院百年院庆标志和文
　　字等图案的个性化服务专用邮票（整张枚数为 15 枚，
　　整张规格为 210mm×195mm ）。

个 56　立德树人
I56　　Cultivate virtue and cultivate talents

2022-08-07　胶版　13.5 度

整张枚数：12 枚（3×4）

邮票规格：36mm×36mm

附票规格：36mm×36mm

（1-1）　1.20 元　立德树人

　　1 全　　　　　　　　　　　　　　　　　1.20 元

设计者：陈楠

责任编辑：何金梅

防伪方式：防伪纸张 防伪油墨

印刷厂：北京邮票厂有限公司

注：同时发行附票带有校园场景及相关元素图案的个
　　性化服务专用邮票（整张枚数为 12 枚，整张规格为
　　246mm×174mm ）。

个 57　岁物丰成
I57　　The abundant harvest year

2022-09-23　胶版　13.5 度

整张枚数：12 枚（3×4）

邮票规格：36mm×36mm

附票规格：36mm×36mm

（1-1）　1.20 元　岁物丰成

　　1 全　　　　　　　　　　　　　　　　　1.20 元

设计者：郭志义

责任编辑：何金梅

防伪方式：防伪纸张 防伪油墨

印刷厂：北京邮票厂有限公司

注：同时发行附票带有花卉、麦穗等图案的个性化
　　服务专用邮票（整张枚数为 12 枚，整张规格为
　　216mm×174mm ）。

个 58　故宫
I58　The Imperial Palace

2023-01-09　胶版　13.5 度

整张枚数：12 枚（3×4）

邮票规格：36mm×36mm

附票规格：36mm×36mm

（1-1）　1.20 元　故宫

　　1 全　　　　　　　　　　　　　　　1.20 元

资料提供：故宫博物院

设计者：王虎鸣

附票设计者：常沙娜、张泮俭

责任编辑：王静

防伪方式：防伪纸张 防伪油墨

印刷厂：北京邮票厂有限公司

注：同时发行附票带有故宫文字及相关元素图案的个
　　性化服务专用邮票（整张枚数为 12 枚，整张规格为
　　246mm×195mm）。

个 59　天安门
I59　Tian'an men

2023-02-21　胶版　13.5 度

整张枚数：12 枚（3×4）

邮票规格：36mm×36mm

附票规格：36mm×36mm

（1-1）　1.20 元　天安门

　　1 全　　　　　　　　　　　　　　　1.20 元

设计者：刘博、刘明慧

责任编辑：李金薇

防伪方式：防伪纸张 防伪油墨

印刷厂：北京邮票厂有限公司

注：同时发行附票带有华表、和平鸽等图案的个性化
　　服务专用邮票（整张枚数为 12 枚，整张规格为
　　246mm×174mm）。

个 60　中国电影
I60　Chinese Film

2024-06-16　胶版（采用局部冷烫工艺）　13.5 度

整张枚数：12 枚（3×4）

邮票规格：36mm×36mm

附票规格：36mm×36mm

（1-1）1.20 元　中国电影

　　1 全　　　　　　　　　　　　　　　1.20 元

防伪方式：防伪纸张 防伪油墨

设计者：陈楠

资料提供：国家电影局

责任编辑：干止戈

印制厂：河南省邮电科技有限公司

注：带有空白附票的个性化服务专用邮票用于邮票个性
　　化服务业务。同时发行附票带有"中国电影"等文字
　　及图案的个性化服务专用邮票（整张枚数为 12 枚，
　　整张规格为 246mm×195mm ）。

五、贺年专用邮票

New Year Special-Use Stamps

2019 年　贺年专用邮票
2019　New Year Special-Use Stamp

2018-10-09　影写版　13 度

36mm×36mm

整张枚数：20 枚（5×4）

整张规格：210mm×180mm

（1-1）1.20 元　福寿圆满

　　1 全　　　　　　　　　　　　　　　1.20 元

设计者：武世宁、付业波

责任编辑：王静

防伪方式：防伪纸张 防伪油墨 异形齿孔 荧光喷码

印刷厂：北京邮票厂

注：采用"福寿圆满"和"贺新禧"邮票印制小全张 1 枚，
　　规格为 115mm×190mm，专用于 2019 年中国邮政贺
　　卡（祝福卡型 15.00 元）中。

2020 年　贺年专用邮票
2020　New Year Special-Use Stamp

2019-11-01　影写版　13 度

36mm×36mm

整张枚数：20 枚（5×4）

整张规格：210mm×180mm

（1-1）1.20 元　金鼠送福

　　1 全　　　　　　　　　　　　　　　1.20 元

设计者：张帆

责任编辑：何金梅

防伪方式：防伪纸张 防伪油墨 异形齿孔 荧光喷码

印刷厂：北京邮票厂

注：采用"金鼠送福"和"贺新禧"邮票印制小全张 1 枚，
　　规格为 115mm×190mm，专用于 2020 年中国邮政贺
　　卡（祝福卡型 15.00 元）中。

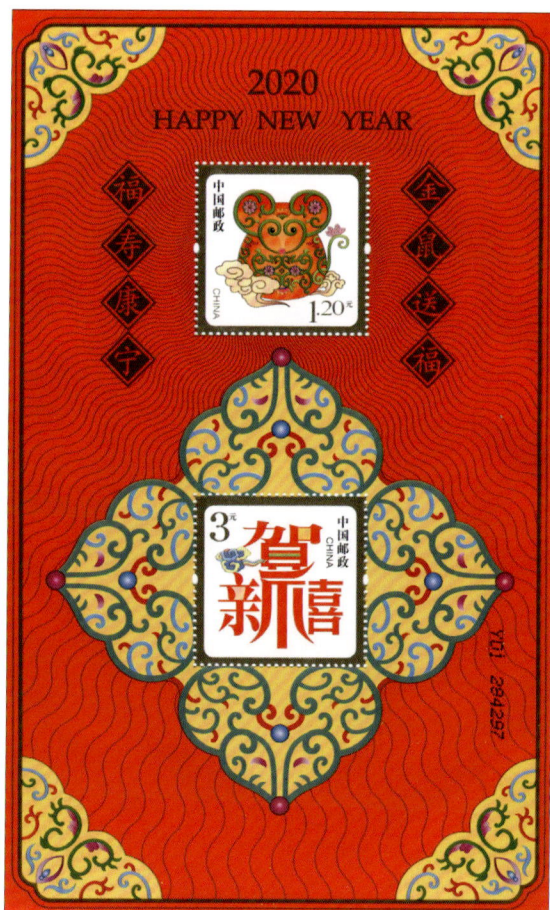

2021 年　贺年专用邮票
2021　New Year Special-Use Stamp

2020-11-05　影写版　13 度

36mm×36mm

整张枚数：20 枚（5×4）

整张规格：210mm×180mm

（2-1）　1.20 元　国裕家康

（2-2）　3 元　　新春送福

　　2 全　　　　　　　　　　　　　　　　4.20 元

原作品作者：韩美林

设计者：陈楠

边饰福字作者：韩美林

责任编辑：李金薇

防伪方式：防伪纸张 防伪油墨 异形齿孔 荧光喷码

印刷厂：北京邮票厂

注：采用"国裕家康"和"新春送福"邮票印制小全张
　　1 枚，规格为 121mm×190mm。边饰福字作者为韩
　　美林。小全张专用于 2021 年中国邮政贺年有奖产
　　品（祝福卡型 15.00 元）中。

2022 年　贺年专用邮票
2022　New Year Special-Use Stamp

2021-10-27　影写版　13 度

36mm×36mm（菱形）

整张枚数：12 枚

整张规格：228mm×180mm

（2-1）　1.20 元　壬寅大吉

（2-2）　3 元　　五福临门

　　2 全　　　　　　　　　　　　　　　　4.20 元

原作品作者：张国藩（壬寅大吉）

设计者：王虎鸣

责任编辑：何金梅

防伪方式：防伪纸张 防伪油墨 异形齿孔 荧光喷码

印刷厂：北京邮票厂有限公司

注：采用"壬寅大吉"和"五福临门"邮票印制小全张 1
　　枚，规格为 120mm×190mm，专用于 2022 年中国邮
　　政贺年有奖产品（祝福卡型 15.00 元）中。

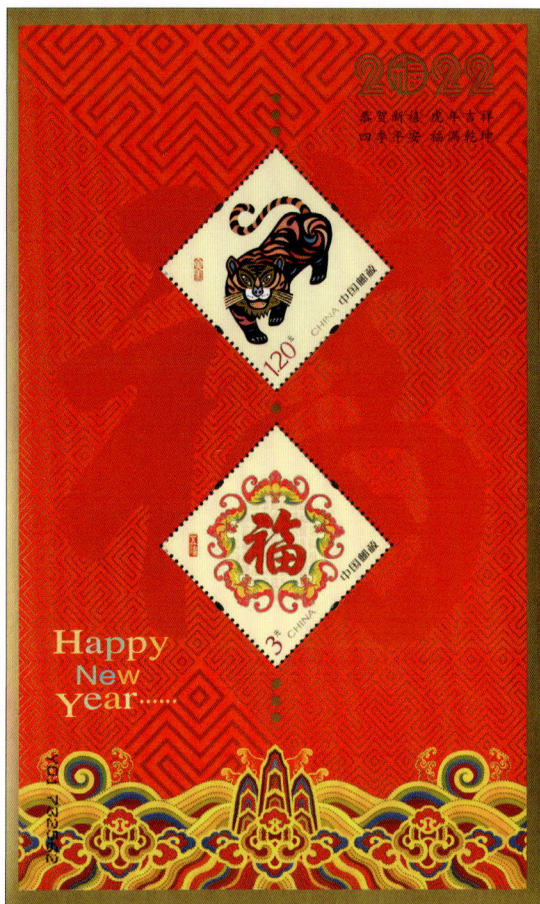

2023 年　贺年专用邮票
2023　New Year Special-Use Stamp

2022-10-15　影写版　13.5 度

半径 16.5mm（圆形）

版式一：20 枚（5×4）

版式一规格：210mm×174mm

（2-1）　1.20 元　兔报新春

（2-2）　3 元　　五福具臻

　　2 全　　　　　　　　　　　　　4.20 元

设计者：史渊

兔报新春原画作者：吴冠英

责任编辑：干止戈

防伪方式：防伪纸张 防伪油墨 异形齿孔 荧光喷码

印刷厂：北京邮票厂有限公司

版式二：4 枚（2 套）

版式二规格：90mm×120mm

　　1 全　　　　　　　　　　　　　8.40 元

版式二边饰设计者：郭志义

注：采用"兔报新春"和"五福具臻"邮票印制小全张 1 枚，规格为 120mm×190mm。小全张专用于 2023 年中国邮政贺年有奖产品（祝福卡型 15 元）。

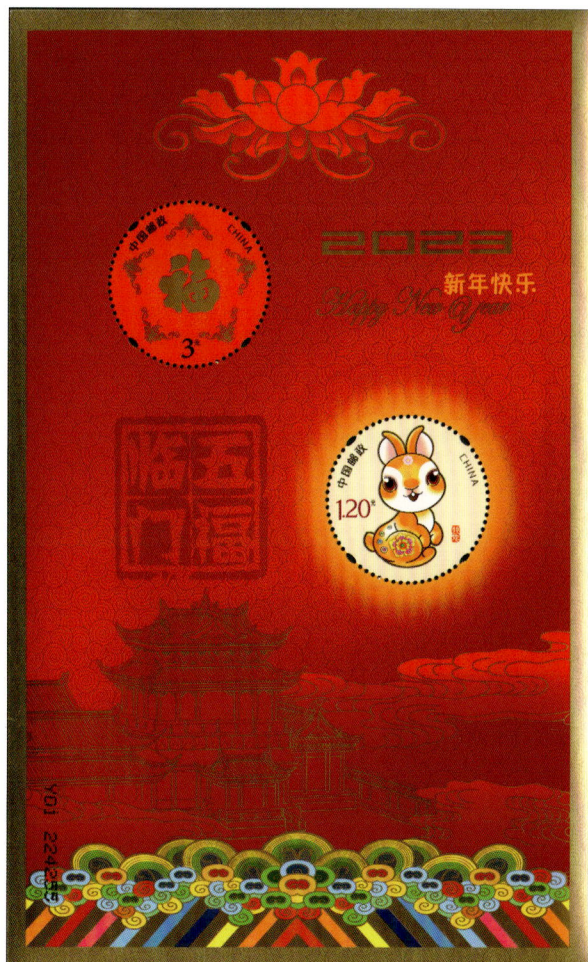

2024 年　贺年专用邮票
2024　New Year Special-Use Stamp

2023-11-15　胶版　13.5 度

半径 16.5mm（圆形）

版式一：20 枚

版式一规格：210mm×174mm

（1-1）　1.20 元　龙腾贺岁

　　1 全　　　　　　　　　　　　　　　　1.20 元

版式二：4 枚（含"五福具臻"2 枚）

版式二规格：90mm×120mm

　　1 全　　　　　　　　　　　　　　　　8.40 元

版式二边饰设计者：张培源、姜晓、白一茗

设计者：潘鲁生

责任编辑：王僡譿

防伪方式：防伪纸张 防伪油墨 异形齿孔 荧光喷码

印刷厂：河南省邮电科技有限公司

注：采用"龙腾贺岁"和"五福具臻"邮票印制小全张
　　1 枚，规格为 120mm×190mm。小全张专用于 2024
　　年中国邮政贺年有奖产品（祝福卡型 15 元）。

2025 年　贺年专用邮票
2025　New Year Special-Use Stamp

2024-11-22　影写版　13 度

36mm×36mm

版式一：20 枚

版式一规格：210mm×174mm

（2-1）1.20 元　蛇跃涌春
（2-2）3 元　　灵蛇送福

　　2 全　　　　　　　　　　　　　　4.20 元

防伪方式：防伪纸张 防伪油墨 异形齿孔 荧光喷码

设计者：郭振山

责任编辑：刘健

印制厂：北京邮票厂有限公司

版式二：4 枚（2 套）

版式二规格：90mm×120mm

注：采用"蛇跃涌春"和"灵蛇送福"邮票印制小
　　全张 1 枚，规格为 120mm×190mm。小全张专用于
　　2025 年中国邮政贺年有奖产品（祝福卡型 15 元）。
　　采用"灵蛇送福"邮票印制特殊版 1 版，规格为
　　100mm×148mm，专用于主题邮局特定产品。